象徵與夢的詮釋

榮格心理學核心觀念

THE UNDISCOVERED SELF

WITH SYMBOLS AND THE INTERPRETATION OF DREAMS

卡爾·古斯塔夫·榮格

C. G. JUNG

Only individual awareness
of both the conscious and unconscious
aspects of the human psyche, Jung tells us, will allow the great
work of human culture to continue and thrive.

譯者序

這本書蒐錄的是榮格晚年的兩篇短文：〈未知的自我〉，以及〈象徵與夢的詮釋〉，它們分別完成於1956年及1961年，而榮格本人就在1961年過世。

幾乎可以這麼說，這是榮格對政治及夢境的最後觀點。

首先談談〈未知的自我〉。我們知道，榮格並不是一位喜歡談論或參與政治的人，原因大致有三：

首先，他的內傾直覺性格使他對內在世界的關注遠遠高於外在世界。其次，是由於他與佛洛伊德及精神分析陣營的對立。1913年與佛洛伊德決裂後，他默默地忍受來自精神分析陣營的批評，直到1925年，他才在講座中披露他與佛洛伊德的矛盾，並做出反駁。第三，是因為他在二戰期間與納粹政府之間的關係。為了保護心理治療這門專業，他在1933年出任了「心理治療醫學總會」（Allgemeine Ärztliche Gesellschaft für Psychotherapie）的會長，這個決定後來使他飽受批評。

儘管他努力地在這份工作上使心理學研究能夠保持獨立，不受政治傾向所干擾，儘管接任此工作從一開始就讓他感到很為難，也儘管他對當時德國的群眾運動多次提出尖銳的批評。但戰後西方世界在「清算」納粹政權時依舊把榮格視為納粹同路人的一分子。這種非友即敵的二分傾向同樣見於當代的臺灣。可以想見，這樣的生命經驗會讓他對政治保持冷淡的態度。

也因此，榮格心理學常常被視為一種退縮的心理學，而學習榮格心理學的人則被視為只關注自己內心世界的邊緣分子。就此點而言，〈未知的自我〉具有重大的價值。

因為榮格在這篇文章裡打破了這個印象，慧眼獨具地分析了冷戰雙方的集體心態，無論是獨裁政府還是民主政府都是如此。它們當中都存在著強大的從眾心理，足以使個人喪失獨立性。而獨裁政府更嚴重些。

我們從此文可知，榮格關切的是一個真正能夠獨立的人，一個「個體化」（individuation）的人，他理想中的公民社會，是由一個個具備思考獨立性、以及人格完整性的個體所組成的。而這一點，很難透過政治運動或威權的方式由上而下來完成。它必須仰賴個人的覺醒，仰賴社會教育的推廣。

這篇論文過去在中文界至少已出現過三個譯本，很遺憾地，裡頭的內容均有程度不一的刪節，並非完整版。因此楓書坊版的譯本尤為重要，它是中文完整版的首度面市，希望讀者能夠認同和支持這樣的勇氣，同時也帶著雅量去看待那些觀點與我們不一樣的內容。

接著談談〈象徵與夢的詮釋〉。醜話說在前頭，想要從文章中學習特定解夢步驟的朋友或許會有些失望，因為榮格在此文中強調，解夢並沒有規則，也沒有定律。唯有「補償」是解夢過程中最有可能性的假設。

榮格之所以這麼說，是要讀者放棄尋求簡單的解夢公式，一如佛洛伊德所做的那樣。關於解夢公式的錯誤，榮格知之甚深，因此他在文中特別說明，詮釋夢境最容易淪為解夢者個人的「投射」。也就是把自己的情結、自己的世界觀與期待，不分青紅皂白地加諸於當事人身上。

因此如果要正確地解夢，瞭解自己與他人的心理類型是很重要的。如果解夢者（也就是分析師）與作夢者（也就是個案），他們雙方的心理態度及類型不相同，恐怕連共事都沒有辦法。

榮格也在此處強調夢境所具備的合理性。跟佛洛伊德的假設相反，雖然原因不明，但榮格認為夢總是合理的，它並沒有歪曲，也沒有隱瞞。而且它總會自發性地出現，換句話說，你無法控制它，也無法命令它。它就像我們內心的另一個自己，有它的脾氣跟愛好，想怎麼樣就怎麼樣。

我們唯一可以做的，或許是保持耐心，試著理解它的語言。就像每個新手父母保持耐心地觀察著眼前還不會說話的小寶寶，試著從他的聲音和表情中推敲他想對我們說什麼。

但夢境和小寶寶畢竟不一樣，因為小寶寶剛來到這個世界，但集體無意識裡卻蘊藏著許多古老且原始的材料，而它們同樣會構成夢境的內容。因此，試著瞭解自己夢境的意義極有益處。因為它會使我們能跟心靈的本源產生連結。或者，換成榮格的話來說：「夢的詮釋豐富了意識，使它能重新學習已經遺忘的本能的語言。」

如果我們能稍微瞭解這個本能的語言，我們常見的茫然與無意義感，就能在內心的無何有之鄉找到落腳之處，那棵莊子筆下的大樹。

我們白天裡遍尋不著的解方出現在夜晚，意識裡苦思不得的答案躲藏在夢境。夢境裡的一切都是象徵，在學習象徵的多重意義時，我們也會同時豐富自己看似貧乏或無望的人生。

各位讀者朋友，非常謝謝你們翻開這本小書，為了翻譯這本書，我推遲了自己的出版計畫。因為我知道比起我的個人作品，它將為您的生命帶來更多的影響。

謝謝楓書坊出版社及編輯陳依萱小姐對本書的全力支持，謝謝我的太太林書勤心理師以及好友鄭采縈撥冗一起檢查初稿，也要謝謝所有願意掛名推薦的每位榮格心理學界的老師與前輩們。

礙於我個人的學養，此書肯定會有這樣、那樣的疏漏。帶著抛磚引玉的心情，或許這能喚起更多喜歡榮格心理學的朋友，一起投身翻譯這份志業。這本書是榮格對世人最後的提醒，我相信所有讀者朋友們都能從這裡獲得益處。

鐘穎（愛智者）

目錄

II 象徵與夢的詮釋

2010年版英文序言
在《紅書》之後閱讀榮格

在《紅書》（*Liber Novus*）[1]出版後，對榮格著作的探索也跟著開展了新篇章。我們是第一次站在某個位置上掌握榮格自1914年起所建構的理論，追溯他的自我實驗，檢測他從治療工作中整理出的傳統特徵，並將其洞見翻譯成能讓醫學與科學公眾得以接受的語言。閱讀《紅書》延伸出重讀榮格全集（*Collected Works*）的任務，全新的角度出現了。

1913年冬天，榮格展開了自我實驗的歷程。他奮力地解除了對幻想性思維的束縛，並小心記錄隨後發生的事。後來他把這個歷程稱為「積極想像」。他將這些幻想寫在《黑書》（*Black Books*）中。這不是私人日記，而是自我實驗的記錄。積極想像裡的對話可被視為一種戲劇形式的思考類型。

當第一次世界大戰爆發時，榮格認為他一連串的幻想其實是對戰爭的預告。這讓他編寫下《紅書》的第一章，這章包含了謄寫在《黑書》裡的主要幻想，以及對它的解評與文辭上的修飾。榮格試著從此處整理出普遍性的心理原則，並瞭解幻想能在多大程度上以象徵的形式來呈現事件的樣貌及發展。

榮格以精美的歌德字母將抄本重謄到紅皮革的對開卷宗中，又親自繪製圖片在側。這部作品的主題是榮格如何重新找回自己的靈魂，並克服當代精

[1] C. G. Jung, *The Red Book*, edited and introduced by Sonu Shamdasani and translated by Mark Kyburz, John Peck, and Sonu Shamdasani, Philemon Series (New York: W. W. Norton, 2009).

神異化所帶來的不安。最終，藉由新的上帝意象在他靈魂中重生，以及發展出具心理學與神學特色的宇宙學形式的全新世界觀——他完成了這個目標。

在1916年至1928年之間，榮格出版了一連串作品，試著把《紅書》的主題轉譯成當代心理學的語言。1928年，漢學家衛禮賢（Richard Wilhelm）送他一卷道家的煉金文獻《太乙金華宗旨》（*The Secret of the Golden Flower*），並邀他為文作序。他被文本的想像力及他繪製的曼陀羅兩者間的相似性所震驚，榮格最終決定將《紅書》的工作放在一邊，並放棄出版。他轉而獻身於個體化歷程的跨文化研究，尤其專精於中世紀的煉金術，用他個人的材料對比，以間接和譬喻的形式來呈現這個歷程。直到現在，這對榮格圈外的讀者來說都是難以應付的挑戰。

未知的自我

在第二次世界大戰之後，冷戰接著到來，柏林圍牆建立、氫彈試爆，榮格發現自己再次面臨「一段充滿世界毀滅意象的天啟時期」，[2]就如同他在一戰期間寫作《紅書》時遇見的那樣。他詳細論述個人與社會之間的直接聯繫，榮格認為，阻止這場世界災難的唯一方法，有賴於個人的轉身向內，及解決集體衝突中的個人層面：「在每個人類的天性中，深處的精神希望這個掙扎（世界大戰）被理解為一場衝突。」[3]在他自身的對抗中，榮格努力去解決那反映在世界舞台上的個人衝突。他在1917年寫道：

「這場戰爭無情地告訴了我們，所謂的文明人仍舊是個野蠻人……然而個體的心理學相當於國家的心理學。國家做的事就是每個個體所做的事，只要個體這麼做，國家也會這麼做。只有個體的態度有所改變，才會為國家的心理帶來改變。」[4]

在此後的數十年間，榮格試著投身這項任務——發展個體化的心理學與心理治療。在1950年代，個體所面對的處境遠比1917年艱困。於是榮格在1956年再次提起這些主題，以德文《當下與未來》（*Present and Future*）為書名寫了一本小書（後來的英文版標題為《未知的自我》〔*The Undiscovered Self*〕）。他在當代史的脈絡下清晰地描述這些主題，並認為只有自我知識與宗教體驗可以抵抗集權主義社會的產生。在這方面，個體已經被當代科學及組織化的宗教給削弱了。人們現在需要的是促進自我知識的心理學，重新將個人、夢境及自發性浮現的象徵連結起來，而這也是榮格最後的作品：《象徵與夢的詮釋》（Symbols and the Interpretation of Dreams）對一般大眾傳達的思想。

2 參見§488, p. 94。
3 *The Red Book*，p. 253
4 *The Psychology of the Uconsicious, Collected Works* 7, p. 4.

I

未知的自我

（當下與未來）

The Undiscovered Self

1．個人在當代社會的困境

未來會走向何方？儘管程度不一，這個問題從不復記憶的遠古時期起就一直佔據著人類的心靈。從歷史來看，在遭逢肉體、政治、經濟與靈性的苦難時，人類會焦急地將希望寄託在未來，這也是各種企盼、烏托邦思想及末日景象頻繁出現的時代。舉例來說，我們可能會想到在基督教紀元開始時的奧古斯都時代對千禧年的盼望，或者伴隨第一個千禧年結束的西方靈性轉變。今日，隨著第二個千禧年即將結束，我們再次活在一個充滿末日意象與世界毀滅的時代憂慮中。以鐵幕為標誌，將人類分成兩大陣營的分裂意味著什麼？如果氫彈爆發，或國家專制主義的陰影散布於歐洲，籠罩我們的精神與道德，那我們的文明以及人類自身又將變成什麼樣子？

我們沒有輕鬆看待此威脅的理由。西方各處都有少數的顛覆分子，他們受人道主義和正義感所庇護，隨時準備好高舉煽動的火炬，除非有一群社會群眾能夠形成一股明理且心智穩定的批判性理智，否則難以阻擋他們思想的傳播。我們不宜高估這群理智群眾的人數。由於國情不同，各國差異甚大。此外，它也取決於各地公眾的教育水準，並受到政治與經濟情況的強烈影響。以公民投票為例，投票人數能達到選民的40％已經是很樂觀的估計了。而比較悲觀的部分是，理性與批判性的反思並不是人類的特長，人們反而時常表現出猶豫和不一致。通常來說，政治群體越大越是如此。大眾會碾壓個人可能保有的洞見與反思，如果憲政國家也屈服於這項缺點的話，必然會導致教條主義與獨裁暴政的出現。

只要既定情況下，情緒沒有超過某個臨界點，理智的論證就能獲得某種程度的成功。如果高漲的情緒超過了這個水準，那理性所能帶來的效果就會停止，轉而被口號與荒誕的幻想所替代。也就是說，某種集體著魔的情況就會出現，並迅速地發展成精神流行病。在這種情況下，那些原先受理性控制，僅因我們容忍而存在的反社會元素就會反客為主，取得主導。這些人絕不僅是我們能在監獄與精神病院遇見的少數。因為每出現一個瘋狂的明顯病例，在我的估計裡，至少就有十個隱藏的病例存在，他們很少會公開發作，但儘管他們外表正常，其觀點與行為卻無意識地受其病態及邪惡因子所影響。當然，出於可理解的原因，對於潛在的精神病患我們並未進行醫學統計。即使他們的數量比我估計的十倍還來得少，但這相對少的人口比例，卻遠比其所代表的數量來得危險。他們的心智狀況如同那些受集體鼓動的群體，以情緒來判斷，並一廂情願地幻想。他們對此感到適應，甚至覺得十分舒坦。他們從自己的經驗中，瞭解並掌握了這些情況的語言，他們也知道該如何控制。他們荒誕的想法受到狂熱的情緒所支持，因此吸引了集體的憤怒，並在其中找到沃土。他們表現出那些深藏於一般人理智及洞見之下的動機與怨恨。因此，即使他們與全體人口比起來是少數，卻如傳染病源一樣危險，因為所謂的一般人也僅具備有限程度的自我知識。

多數人會把自我知識與他們意識中對自我人格的知識相混淆。任何具有自我意識的人都會理所當然地認為他瞭解自己。但自我只認識與他自己有關的部分，卻不認識無意識及其內涵。人們在衡量自我知識時，是透過一般人在其社會環境中對自己的瞭解，而非透過多數隱藏起來的真正心理事實。在這一點上，心理猶如身體的生理及解剖，一般情況下，我們並不理解它的結構。儘管它寓居其中，伴隨著身體一起生活。但普通人對它瞭解甚微，因此需要專門的科學知識來幫助意識瞭解身體的已知部分，遑論其同樣存在的未知部分。

因此，那些被稱為「自我知識」的東西事實上是一種很有限的知識，因為它們主要取決於人類心靈世界中持續運作的社會因素。所以人們經常認為這種或那種偏見不會發生「在我們自己」、「我們家裡」、我們朋友或者熟人身上。另一方面，人們同樣會對道聽塗說的事物做出虛構的假設，認為那是為了掩蓋某種真相。

這片廣闊的無意識地帶並不受意識的批評與控制，我們毫無防備地待在此地，暴露在所有的心靈傳染病與影響之前。就如所有的危險那樣，只有在我們知道是什麼在攻擊我們、它如何攻擊、從何處攻擊，以及何時攻擊的情況下，我們才能保護自己免於心靈傳染病的威脅。既然自我知識是一件和瞭解個人事實有關的事，理論能提供的幫助就很有限。因為一個理論越是聲稱具有普遍、有效性，它對個人事實的精確性就越低。任何根據經驗的理論必然是**統計性質**的，它會制訂一種**理想的平均值**來抹除位於兩個端點的所有例外，代之以抽象的平均數。這個平均數非常正確，儘管它不會發生在現實之中。除此之外，它在理論中形成了無可辯駁的基礎事實。儘管每一種極端案例都是真的，卻不會顯現在最後結果上，因為它們在統計學中會相互抵銷。舉例來說，如果我算出每個石頭的平均重量是五盎司[1]，這件事並未告訴我關於石頭的真正本質。任何以為可根據這項發現撿到一顆剛好五盎司重的石頭的人，都會非常失望。事實上，無論他找多久，可能都無法找到一顆剛好五盎司重的石頭。

統計法以理想的平均值來展示事實，但它不會給我們經驗事實的圖像。而在現實面前，統計法會偏離事實、誤導真相。這對用統計法建立的理論而言尤其如此。現實中的獨特事實是它們的個別性。雖然不完全正確，但我們可以斷言，真實世界的圖像是由例外所構成的。因此，絕對的事實具有明顯的「不規則」特質。

當我們在討論某種理論，並把它視為自我知識的指南時，應當把這些考量謹記於心。自我知識絕不可能立足於理論的假設，因為自知的對象是個人，那是一種相對例外且不規則的現象。因此個人的特徵不是普遍性與規則性，而是具有獨特性。他不應被理解為反覆出現的單位，他獨特且單一、無法被理解，無法與其他人比較。同時，作為人類種族的成員之一，他同樣可以，且也必須被描述成一個統計單位，否則就無法談論他的普遍性。為此原因，他可被視為一種比較性的單位。這產生了人類學或心理學的普遍正確性，他們將人視為平均值，以抽象的方式描述人類圖像，所有的個別特徵皆被移除。但這些特徵才是瞭解一個人最重要的元素。如果我想瞭解一個個別的人，必須將所有人類平均值的科學知識及理論丟在一旁，以便採取一個全新且無偏見的態度。我只能以自由且開闊的心智來完成這項**瞭解**的任務，在那份心智中，對人的**知識**、對人類性格的洞見，都以一般人的一切知識為前提。

現在無論問題是瞭解一個人或瞭解自我知識，我都必須把所有的理論假設拋諸腦後。因為科學知識不僅享受了普世的尊榮，且以現代人的眼光來看，它是唯一的智性及精神權威，但為了瞭解個人，我不得不對科學知識的崇高地位置之不顧。這不是容易達成的犧牲，因為科學態度無法輕易免除它的責任感。而且要是心理學家剛好也是一位醫生的話，他不僅想以科學方式來歸類他的病人，

1 譯註：亦即145公克。

同時也會想將他視為一個人來理解，那麼，他就會受兩種截然相反、彼此敵對且排他的態度所威脅。這場衝突無法藉由單一方來解決，只能透過雙向的思考來應對，亦即同時保留兩者，在採取甲方態度時，也不忘了乙方。

在原則的觀點上，**知識**的優勢特別容易成為理解病人時的劣勢，因此判斷時很容易產生矛盾。如果要以科學方式來判斷，那麼個體就只是一個無限重複自身的單位，並用某個字母來標示。另一方面，從理解的角度言，他又是如此獨特的個人，在撕下所有科學家最愛的制式與規則後，他是崇高且唯一真實的研究對象。醫生尤其應該覺察到這樣的矛盾。一方面，他的科學訓練為他裝備了統計學的事實；另一方面，他面對著治療病人的任務，特別是受精神疾病困擾的病人，醫生需要**個別地理解**他們。越照章辦事來治療，病人的抗拒就越大，治療也越容易陷入危機。心理治療師發現自己得被迫將病人的個體性視為本質事實置於治療的核心，然後安排相應的治療方法。在今天，整個醫療領域都認為醫師的主要任務是治療生病的人，而不是抽象的疾病。

對醫學領域的描述只是一般教育和訓練的例子之一。科學教育主要是基於統計事實及抽象知識，因此它傳授的是非現實的、純理性的世界圖像。而個人只是其中的邊緣現象，沒有角色可言。然而，作為一個理性的材料，個人是現實真正且真實的承載者，具體的人與不現實的理想或科學術語所指稱的「一般」人並不相同。不僅如此，多數自然科學在呈現其研究結果時，就彷彿無人參與一樣，這種方式會讓心靈——某種必不可少的因素——的合作依舊被忽略（當代物理學則是一個例外，它認為被觀察的對象並不獨立於觀察者而存在）。在這方面，科學在傳達世界圖像時把真實的人類心靈給排除在外——這與「人文學科」剛好相反。

在科學假設的影響下，不僅心靈，就連個人，甚至任何個別事件都遭到降級並變得模糊，現實的影像被扭曲成概念的平均值。我們不應低估統計學的世界圖像所帶來的心理效應，它推開了個人性，更加偏好沒有姓名的小單位，以便將之堆疊成大眾。你聽過組織的名字，但沒聽過具體的個人。最高層級的組織，亦即國家的抽象概念則是政治現實的原則。個人的道德責任也不可避免地被替換成國家的政策。公共福利與生活水準的提升替代了個人的道德與心智差異。個人生活的目標與意義（也就是唯一**真實的**生活）不再仰賴於個人的發展，而是國家的政策，它自外部強加於個人身上，藉由抽象概念的執行，最終將所有的生活層面吸附過來。個人如何過生活的道德決策日益受到剝奪，取而代之的，是被統治、被餵食、被裝扮以及被教育成一個社會單位，住在合適的房屋裡，被與大眾標準一致的滿足及娛樂所取悅。統治者跟被統治者都是相同的社會單元，差別是前者是國家教義的專業代言人。他們不需要成為一個能下判斷的人，而是徹頭徹尾的專家，在其專業領域之外毫無用處。由國家政策決定該教什麼，以及該學什麼。

國家教條表面上很全能，由佔據政府高位、擁有最高權力的人以國家政策為名來操弄。無論是藉著選舉或機遇，擁有這些職位的人不再屈從任何權威，他就是國家政策本身，能在所處環境中恣意推動個人的想法。路易十四曾說過：「朕即國家。」因此他是唯一的個人，或那些無論如何都能展現其個人性的少數人之一，他們知道如何將自己從國家教條中區分出來。然而，他們更像是自己虛構故事中的奴隸。這樣的片面性經常藉由無意識的破壞性傾向來獲得心理上的補償。奴性與反叛是不可分離的伙伴。因此對權力的反抗及誇大的不信任會從上到下蔓延至整個有機體。尤有甚者，為了補償它混亂的失序，大眾經常會製造出一位「領導者」，他必然會成為自身膨脹的自我意識犧牲者，正如歷史中無數的案例所顯示的那樣。

當個人與團體結合的那一刻，自己就會變得多餘，這樣的發展在邏輯上是無可避免的。除了已團結成塊的大眾外，個人已消失無蹤，科學理智主義是造成這種群眾心理的主要原因之一，它奪去了個體的根基與尊嚴。作為一個社會單位，人失去了自己的個別性，僅成為統計單位中的一個抽象數字，只能扮演一個可以隨時替換的、無足輕重的角色。我們已從外部理性地討論他是什麼樣子，從這個觀點來說，繼續討論個人的價值或意義是很荒謬的。確實，因為反面的事實如此明顯，我們實在很難想像個人的生命何以能被賦予這麼多尊嚴。

由此觀之，個人實在微不足道，任何想要反駁的人很快就會發現自己在爭論中落入下風。若有人認為他自己、他的家族成員或圈子裡受尊敬的朋友很重要，這只會讓他的主觀感受顯得可笑。這些少數人跟一萬、十萬人相比算得了什麼呢？更何況跟一百萬人相比。這讓我回想起先前曾和一位很有想法的朋友在人群中偶遇，我們產生了一場爭辯。他突然說道：「你在這裡有最令人信服的理由來表達對永生的不信任——但此處的所有人都想要永生！」

群眾越大，個人就越渺小。但若個人被他的弱小與無助感壓垮，感到生命失去了意義——畢竟這不能與公共福利與更高生活標準相比——那麼，他就已經在通往國家奴役的道路上了，不論你是否瞭解或是否想要，你都會向它屈服。一個只懂得向外看並在大眾前畏縮膽怯的人，是不敢為自己的感覺和理智奮戰的。但這正是今天所發生的事：我們都被統計資料給迷惑或嚇倒，每天都被告知個體的人格既沒價值也無用處，因為沒有任何大眾組織可以代表它或展現它。相反地，那些在世界舞台上趾高氣揚，發言看似明智且響亮的大人物，都是因大眾運動或公眾意見的浪潮而生，因此對不具批判力的大眾而言，他們不是備受讚揚就是備受詛咒。由於大眾的意見具有主導作用，因此他們傳遞的訊息究竟是個人的負責任看法，抑或僅扮演一個集體意見的擴音器，這點相當可疑。

在這樣的情況下，也難怪個人對自己的判斷越來越不敢確定，而責任也越來越被歸給集體，也就是說，責任從個人身上被授權和委派給集體。個體因此越來越成為社會的一種功能，而社會則反過來篡奪了個體作為真實生命載體的功能，但事實上，社會僅不過是類似於國家那樣的抽象概念罷了。他們兩者都實體化了，亦即成為了獨立自主的生命。尤其是國家，它轉變成一個具備準生命（quasi-animate）的人格，備受各種期待。但事實上，國家只是那些懂得如何操弄它的個人所做的偽裝。因此憲政國家變成了原始社會，也就是原始部落的共產主義，在那裡人人都得屈從於一位酋長或寡頭政府的獨裁統治。

2 · 平衡群眾心理的宗教

為了使主權國家能免除各種限制，或者說，使操弄它的人可以任性而為，所有的社會政治運動都會試著斬除宗教的根基。為了將個人轉變為國家的一種功能，他對任何事物的依賴都必須拔除，而宗教則意味著對非理性經驗的依賴與屈從。這裡指的並不是社會與身體，更是個人的心理態度。

但只有在生命之外找到參照點，才可能對生命的外在條件抱有某種態度。宗教所給予的，或宣稱它所能給予的，正是這樣的參照點，它使個人能夠做出判斷並賦予他做決定的權力。它建造了一處保護區，幫助每個只活在外在世界的人去對抗在環境中各種無法逃避的明顯力量。如果統計學事實是唯一的事實，那麼它就是獨一無二的權威。如果只有唯一的情況，不再有其他對立的情況存在，那麼判斷與決策就不僅沒必要，也不可能。因此個人就會淪為統計學的一種功能，而它也是國家的一種功能，或任何抽象原則的功能，不論那原則叫什麼名字。

然而，宗教卻教導另一種用以對抗這個「世界」的權威。個人應依賴上帝的教義跟世界所做的宣稱同樣崇高。宗教甚至會出現與世界相同的絕對性，它要求個人疏遠這個世界，就如同他屈從於群眾心理時那樣疏遠了自己。他會在前者的影響下（也就是因為教義的緣故）喪失個人的判斷及決策權，猶如後者的情況那樣。這就是宗教公開追求的目標，除非它向國家妥協。當宗教這麼做時，我會更傾向稱它為「教條」，而非「宗教」。教條表達的是絕對的集體信仰，但宗教一詞表達的卻是與特定形而上、超越世俗之因素的主觀關係。教條傾向於世俗的信念，因此它是俗世的事務，然而宗教的意義與目的卻取決於個人與上帝的關係（基督教、猶太教或伊斯蘭教），或有關救贖與解脫的道路（佛教）。從此基本事實中，才衍生出一切的倫理，若沒有這份個人對上帝的責任，那就只能稱作傳統的道德。

因為要向世俗的現實妥協，所以教條就得不停編纂自身的觀點、教義與習俗，但也正是如此，他們之內真正的宗教元素（亦即對超越世俗之參照物的直接衝突與兩者活生生的關係）也被自己外化，從而退成了背景。用傳統教條的標準來衡量宗教關係的價值和重要性並不常見，例如新教，一旦有人宣稱受到上帝意志的指引，他就會立刻聽見虔敬主義、宗派主義及異端等說法。一種與教會一致的教條，或者形成了公共組織的教條，其成員不僅包括真正的信徒，更包含對宗教「漠不關心」的廣大群眾，後者之所以加入不過是由於習慣使然。教條與宗教的差異在此變得凸顯。

因此，信奉教條並不僅是一個宗教問題，更是一個社會問題。正因如此，它無法為個人提供任何基礎。因此個人必須完全仰賴他與權威的關係，儘管後者並不屬於這個世界。這裡的標準並非對教條的口頭應允，而是心理事實，亦即個體並不是由自我及他的意見單獨決定的，也不由社會因素決定，而是由某個超越性的權威所決定。不管倫理原則有多崇高，或教條有多正統，它們都無法奠定個體的自由與自主的基礎。奠定者純粹是經驗的覺知，這無可爭辯的經驗具有強烈的個人性，是人類與超越世俗權威兩者間的互惠關係，它是對所謂「世界」以及「理性」所做的補償。

這種觀點並不能取悅大眾或信徒。因為對前者而言，國家政策才是思考與行動的指導綱領，而這確實就是前者被教育的目的。因此大眾只允許個體在成為國家的一種功能時才有存在的權利。另一方面，信眾僅承認國家擁有道德與事實的權力，但同時，他們也認為國家跟人一樣，都得順從上帝的管轄，因此，若有無法決斷之事，最高裁決應由上帝負責，而非國家。因為我不想做任何形而上的判斷，所以我必須對這個問題保持開放，究竟「世界」（亦即人類的現象世界以及一般所謂的大自然）是否為上帝的「對立面」？我只能在此指出，這兩個經驗領域在心理的對抗不僅在《新約》中得到保證，至今仍可在獨裁國家對宗教的否定態度中找到，教會對無神論及唯物主義的否定態度同樣如此。

人類是一種社會性的存在，若是缺乏社會的紐帶就無法長久持續，除非我們能找到一種相對於外界強大影響力的超世俗原則，否則個人將無法為自身的存在以及靈性與道德的自主找到真正的理由。未將自己寄託於上帝的個人無法憑一己之力來抵抗身體與道德的誘惑。他需要內在超越性的經驗來證明，並保護他免受群眾無可避免的影響。只消對愚蠢和缺乏責任感的大眾做點智性和道德上的洞察，就會讓人得到負面的印象，它充其量不過是在個人獨立的道路上來回穿梭而已，並未真的往前進。它缺乏宗教信仰的趨力，因為它只不過是合乎理性罷了。獨裁國家之所以遠勝於資產階級的理由是：它會同時吞噬個人與他的宗教力量。國家取代了上帝，從這個角度來說，社會主義的獨裁者是宗教性的，而國家奴役則是崇拜的一種形式。不過宗教功能並不能這樣錯解或竄改，這會使人產生內心的懷疑，但這份懷疑通常會立刻被壓抑，目的是避免和群眾心理的流行趨勢產生衝突。正如這類案例常顯示的那樣，它的結果是帶來以狂熱為形式的過度補償，並反過來被用以當成踏平敵對力量的武器，哪怕後者只有星火而已。自由的觀點窒息了，道德的決策受到了粗暴的壓制，為什麼呢？它的理由是目的足以匡正手段，即便最卑鄙的手段也是如此。若把國家政策奉為教條，那麼領導人或政黨領袖就會變成超越善惡的神子，而他們的追隨者也會被尊為英雄、殉道者、使徒和傳道者。對他們而言，真相只有一個，此外無他。它神聖不可侵犯，不能受批評。任何想法不同的人都是異端，從歷史上來看，他們會遭到各種不快事物的威脅。只有政治權力在手的政黨領袖能解釋何謂真正的國家教條，而他解釋的依據是為了滿足自己。

當個人受到大眾的規範，從而成為社會單元中的某個數字，國家就會被視為最高原則，宗教功能也會被捲進狂暴的漩渦。你若仔細觀察並將特定不可見及不受控的因素考慮在內，便會發現，宗教是人類特有的**本能性**態度，在整部人類史中都可看見它的存在。它的目的是維持心靈的平衡，因為自然人有著同樣自然的、對事實的「知識」，他的意識功能隨時會受到來自內部不可控制的事件妨礙，就如外部事件一樣。因此他會認為，任何對自己或他人帶來重大影響的困難決定，都應藉由適當的宗教行為來確保安全。祭品要獻給無形的力量，並得用充滿敬畏的禱告及各種肅穆的儀式來執行。各種啟始與結束儀式無處不在，而具有心理洞察力的理性主義者則將其功效抨擊為魔法與迷信。但魔法是一種不該被低估的心理效應。「魔法」行為的展現會帶給人們做決定時所必須擁有的安全感，因為任何決定無疑都帶有片面性，因此會被人視為是一種風險。即便獨裁者也認為那是必要的，不僅是以威脅來執行國家法令，更要以肅穆的形式來展現其威嚴。軍樂隊、旗幟、標語、閱兵儀式以及恐怖示威，它們都和教會的遊行，以及用來驅趕惡魔的炮擊與煙火相似，兩者原理相同。只有國家權力允許下的遊行才會帶來集體的安全感，跟宗教遊行不同的是，它無法保護個人免於內在惡魔的威脅。因此個人更加依附於國家權力之下，例如大眾，他們將自己的身體與道德都委身於它，最終導致自己社會性失能。國家就像教會那樣，需要熱情、自我犧牲以及愛，如果宗教所需要或假定的是「對上帝的敬畏」，那麼獨裁國家所做的，就是專注於製造必要的恐懼。

當理性主義者將攻擊的焦點置於儀式的神奇效果時，他事實上是完全搞錯了重點。關鍵的心理效果被忽略了，儘管雙方都出自不同的目的在使用它。這些不同的目的都有一個類似的情況，宗教的目標，亦即使人從邪惡中獲得拯救、與上帝和解、在來世獲得報酬等等，都轉變成了世俗的允諾，諸如免於日用飲食的匱乏、物質商品的公平分配、未來的繁榮以及工時的縮減等。這些允諾的實現就如天堂的到來那樣遙遠，只讓大眾把超越世俗的目標轉化為純粹的俗世信仰，他們用同樣的宗教狂熱與排他性展示了另一個方向的教條。

為了不再做沒必要的重複，我不再列舉世俗與來世信仰比較，只想指出一項事實，宗教功能是自始存在的自然功能，不能以理性的或所謂啟蒙式的批判態度來處理。你當然可以認為教條裡的教義內容不可行，覺得它們可笑，但這種方式會搞錯重點，對形成教條基礎的宗教功能也毫無影響。若我們謹慎考量宗教對心靈與個人命運的非理性因素，你會發現它再次出現於（或邪惡地扭曲成）對國家與獨裁者的神聖化之中：你可以用鐵叉將自然叉出去扔掉，但她會一再歸返。領導者與獨裁者很能正確權衡時局，他們會模糊自己與被神化的凱撒之間太明顯的共通點，並躲在虛構的國家故事中掩藏自己真正的權力，儘管這什麼也改變不了。[1]

如我所指出的，獨裁國家除了剝奪個人的權利，也在精神上切斷了他存在的形上學基礎。個人的倫理決策不再重要，取而代之的是盲從的大眾，謊言因而成為政治活動的運作原則。國家從這裡得出了具有邏輯的結論，數以百萬計的國家奴隸被剝奪所有權利，這件事也是無聲的證明。

國家獨裁者與制度化的宗教都特別著重**社群**（community）概念。這是共產主義的基本理想，它被強行塞進人民的喉嚨，從而帶來了相反的效果：它引發了分裂與不信任。宗教，如其所強調的，展示了它社群理想的那一面，而教會最脆弱的地方，例如在新教那裡，則以對「社群體驗」的希望或信念來彌補匱乏的合群精神。如我們所見，「社群」在大眾組織中是不可分割的助力，但它也是一把雙刃劍。好比再多的零都不可能加總成一個單位，社群的價值也有賴於個體的精神與道德境界。因此，人們不應期待社群的效果能超過環境的暗示，也就是說，真正而根本的改變是在個體身上，無論好壞都是如此。這樣的改變只能從人與人之間的相遇（personal encounter）而來，而非共產主義或基督教洗禮過的大眾，它們不可能碰觸到內在的人格（inner man）。共產主義的宣傳效果如此膚淺，這從最近東歐的事件就可以發現。[2]共產主義的理想不會有人買單，因為它忽略了人類個人，而只有個人才會堅持自己的主張到底。

1 原註1。自從1956年春天寫成這篇文章後，蘇聯出現了對政府的明顯反彈。

2 原註2。補記於1957年1月。譯註：這一段指的應是發生於1956年10月的匈牙利革命，蘇聯派軍鎮壓了當地出現的反共產黨遊行。

3．西方在宗教問題的立場

在基督紀元的20世紀，我們檢視西方的發展，發現西方社會承繼了羅馬法的遺產，根植於形上學的猶太—基督教的倫理寶藏，以及人權不可剝奪的理想。西方焦躁地自問：這種發展是否會停滯或出現逆轉？若只會恥笑社會主義者以烏托邦為名的獨裁，或詛咒他們經濟原則的不合理，這都沒有用。因為首先，喜歡吹毛求疵的西方社會只能自說自話，它的觀點只有鐵幕這一邊的自己能聽見；其次，任何你喜歡的經濟原則都可以付諸實踐，只要你準備好接受它們可能帶來的犧牲。你可以採用任何自己喜歡的社經改革，就像史達林，你可以讓三百萬農民餓死，並讓數百萬工人無償為你勞動。這樣的國家不需擔心社會或經濟危機，只要它依舊掌握完整的權力，亦即只要仍有紀律完善及吃得飽飽的警察軍隊隨侍在側，它就能無限期地永遠存在，並不斷增加其權力至無限。感謝不斷上升的出生率，使它得以任意操縱大量的無薪勞工來和敵對國家競爭，不需顧及仰賴薪資運作的世界市場。它真正的危險在外部世界，也就是軍事上的威脅。但這點威脅年年降低，首先是由於獨裁國家的戰爭實力穩定增加，其次是因為西方不願藉由攻擊激起俄羅斯或中國潛在的民族主義及國家沙文主義，從而導致反效果，使他們得利。

就我們目前所知，只有一種可能性存在，那就是內部權力的崩潰，而這點必須讓它依循內部的發展出現。從現存的安全體制及民族主義反動的威脅來看，任何外部的援助都效果不彰。專制國家擁有一支信仰狂熱的軍隊在協助外交政策的推行，也可仰賴第五縱隊躲藏在西方國家的憲政及法律保護網下。除了信仰者的團結外，它各方面都非常強固，能有力地削弱西方政府的決策權。西方社會對另一方卻沒有機會施加同樣的影響，雖然我們應該沒有估計錯誤，那就是東方社會也存在著相當的反對勢力。永遠都有正直與熱愛真理的人，對謊言與專制政體深惡痛絕，但我們無法判斷他們能否對警察國家內的群眾帶來任何決定性的影響。[1]

在這種情況下，問題一次又一次地迴盪於西方：我們要如何反抗來自東方的威脅？即便西方擁有相對高的工業力量以及防衛實力，我們仍不能因此自滿，因為我們知道，即便最強大的軍備、最先進的工業實力與相對高的生活水準，都不足以防止來自宗教狂熱對人心所散布的感染。

很不幸地，西方還沒覺悟此事，亦即我們對理想主義、理性及其他美德的過分狂熱，僅是虛空中的低語。儘管我們的信仰非常堅定，但那也只是被宗教信念的風暴所掃蕩過的微風，一下就消失無蹤。我們面對的，不是藉由理智或道德爭論就能克服的處境，而是掙脫了束縛的情緒力，以及被時代精神所孕育的觀念，而我們從經驗中得知，這些事物並不太受理性反思與道德規勸的影響。人們在許多方面都已經正確地認識到，它的解毒劑應該是某種非物質性的潛在信念，而根植於其中的宗教態度則是唯一能夠抵禦心靈感染的有效防禦。很遺憾地，那渺小的「應該」二字雖然常被提到，但它從來不會真的出現，這正是它的脆弱之處。不僅西方缺乏足以抵擋狂熱意識形態的共同信念，作為馬克斯主義的源頭，西方與共產主義也做了同樣理性的假設、論證與目標。雖然西方的教會享有充分的自由，但它們卻與東方一樣匱乏和空洞，對政治也無法施加有力的影響。作為一種公共制度，教條的缺點在於它有兩位需要服侍的主人：一方面，它的存在源於人與上帝的關係，另一

1 原註1。近期發生在波蘭與匈牙利的事件顯示出反對力量比我們先前預見的還要龐大[1956]。

方面，它對國家，也就是世界，負有某種責任。這樣的關聯可從「讓凱撒的歸凱撒……」這句格言以及《新約》中的各種訓誡裡看見。

從早期到相當近代都有「君權神授」的說法（《羅馬書》13：1），如今這個觀念已經過時了。代表傳統觀念與集體信仰的教會，它的多數信徒也不再以自身體驗為依歸，而是**未加反思的信仰**，只要人們一開始思考，這些信仰很快就會消失。信仰的內容會與知識相抵觸，因為前者的非理性因素無法與後者的推理相容。信念不是內在體驗的合適替代物，體驗缺失之處，強大的信念就會像上帝的恩典那樣神奇地出現，而它也同樣會神奇地消失。人們把信仰稱為真正的宗教體驗，但他們仍不免思考，事實上它源於我們內心所灌注的信任與忠誠。這類體驗有明確的內容，可被各宗派的教條所解釋。但越是如此，它與知識間的衝突就越容易升高，那衝突根本毫無必要，也就是說，教條的立足點是古代的，充滿了令人印象深刻的神話象徵，若以字面意義來解釋那些象徵，與知識之間就會產生令人難以忍受的衝突。舉例來說，基督死後復活的說法若能以象徵義來解釋，而不以字面義來理解的話，就能產生多元的解釋，不僅不會與知識產生衝突，也無須修改這套說法的意義。反對者以為，從象徵義來理解耶穌的復活，會使耶穌永生的希望落空，但早在基督教創立之前，人類就已相信死後的生命，因此不需要復活節來作為對永生的保證。若僅以字義或教會的教導來理解神話，那麼它很快就會被人們否認、封鎖或背棄，這樣的情況比以往還要常見。而現在難道不是以象徵來理解基督教神話，而非將它掃除一空的時候嗎？

現在要談馬克斯主義者的國家宗教及教會的國家宗教兩者的結局還太早，絕對論者聲稱上帝之城由人類所代表，但很不幸，這與國家自身的神聖性很相似，而依納爵．羅耀拉（Ignatius Loyola）從教會權威所獲得的道德結論（亦即「目的可以合理化每種手段」）卻以非常危險的方式使謊言成為了一種合理的政治工具。兩者都要求人們無條件服從信仰，從而為個人掘下了墳墓，因為這削減了人的自由，一種是在上帝面前的自由，一種是在國家面前的自由。就我們目前所知，個體這個脆弱的存在，這個生命的獨特載體，同時受到來自兩方面的威脅，儘管他們各自都承諾將會帶來心靈與物質的美好，但我們又有多少人能長久抵抗「兩鳥在林，不如一鳥在手」這句智慧的諺語呢？[2]此外，正如我前文所述，西方也和東方的國家宗教一樣，都珍視著「科學的」與理智性的**世界觀**、統計學的抹平傾向，以及唯物主義的目標。

那麼，政治與教派四分五裂的西方能為現代人的需要提供什麼呢？不幸的是，除了導向相同目標的不同道路外，什麼也沒有，這點和馬克斯主義者的理想並沒有分別。不需要特別特別努力，你也能發現共產黨人的意識形態確信時間站在他們那邊，而且世界正渴望改變。在這一點上，事實非常清楚。西方對此視而不見是沒用的，我們沒有認出自身的致命缺陷。任何人只要曾學會對集體信仰絕對服從，學會放棄自由的永恆權利，以及放棄對個人責任的永恆義務，他就會堅持這樣的態度到底。他原先的理想就很靠不住，此時若有另一種看似「比較好」的信仰混入其中的話，他也會以同樣的輕信和同樣欠缺批判的態度走在相反的方向。不久之前，文明的歐洲各國又發生了什麼事呢？我們控訴德國人再次忘記了歷史，但事實上，我們不確定他處是否也會發生類似的事。如果

2　譯註1。榮格的意思是這兩種意識形態都要求以犧牲自由來換取安全（兩鳥在林，不如一鳥在手），多數人最終都會屈服於這種說法。

發生了也不用驚訝，如果另一個文明國家屈從並受一致性及片面性的狹隘觀念所感染，歷史就會重演。我們得問自己這個問題：哪個國家有最大的共產黨？是美國！噢！世事多變可不是？美國形成了西歐真正的政治骨幹，因為它採納了反對者的觀點，因此看來似乎可以免疫，但事實上它可能比西歐更為脆弱，因為它的教育體系更容易受科學的世界觀及統計事實所影響，而她的多元族群也很難在沒有歷史的土地上扎根。相反地，在這種情況下，它迫切需要的歷史與人文教育會導致灰姑娘般的存在。[3]儘管歐洲擁有這些教育，她卻將之用在國家主義國家的自我中心主義，以及使人麻痺的懷疑主義中。兩者都有唯物主義與集體主義的目標，但同時也都缺乏能夠表現及掌握完整人性的核心事物，也就是說，能將個別人類放在萬物尺度中心的那種觀念。

僅這種觀念就足以在各方面引起強烈的質疑和反彈，而我們幾乎可以斷言，個體對比於大多數人，其價值實在微不足道，這樣的想法得到了普遍一致的同意。確實沒錯，我們都說這是屬於普羅大眾的世紀，他是地球、空氣與水的主宰，他的決定掌握著各國的歷史命運。很可惜，這幅驕傲的人類圖像只是幻覺，並被極為不同的現實所補償。在後者的現實裡，機器代他征服了時間與空間，而人類只是機器的奴隸與犧牲品。他被軍事科技的威力所恫嚇和危害，而這原是為了保障他生命的安全。他的精神及道德自由雖得到世界一半國家有限度的保證，仍受混亂的誤導所威脅；在另一半的世界，這些自由則完全被抹除。最後，為了給這場悲劇增加一點喜劇元素，這萬物之主，宇宙的判官，仍在心中堅持著那無情踩踏其尊嚴的想法，使自己的自主性淪為荒謬的笑話。他的一切成就與收穫都不會使自己偉大，相反地，只會貶損他，就如在「公正」分配商品原則下的工廠工人的命運所揭示的一樣。他用個人財產來購買工廠的股份，以自由來交換被綁定在職缺上的可疑幸福，他放棄一切可以改善地位的方法，如果他拒絕待在令人疲乏的計件工作中，如果他展現出任何才智，政治觀點就被強塞進他的嘴巴，如果他夠幸運的話，還會加一點技術性知識給他。然而，他頭頂上的屋瓦和配給他這種社畜的口糧是不能放棄的，因為這僅存的日用品仍可能隨時會遭到取消。

3 譯註2。灰姑娘過了午夜12點就會恢復原本窮困的裝扮，榮格的意思是很不可靠。

4・個體對自身的理解

令人驚訝的是，人類作為所有歷史發展的煽動者、發明者及驅動力，所有判斷與決策的創始人、未來的規劃者，竟然把自己看得那麼低。人類對自身人性的矛盾評價，確實很令人費解，而我們只能解釋它源於判斷力本身具有很大的不確定性，易言之，人類對自己而言是個謎。這樣就好懂了，因為他在進行自我瞭解時，欠缺了必不可少的比較方法。換言之，他雖然知道自己跟動物在解剖學與生理學上的差異，但作為一個有意識、能反思且具語言天分的生物，他卻沒有自我判斷的標準。他是這顆星球上的獨特現象，因為他無法跟其他事物比較。除非他能和其他星球的類人生物建立聯繫，他才可能進行比較並自我瞭解。

在那之前，人類跟個隱士般難以捉摸，雖然他與自己的近親類人猿可以進行比較解剖學的研究，但從外表來看，他與這些表親們的心靈相當不同。正因在最重要的物種特徵上他無法瞭解自己，這才顯得像是個謎。與其他構造相近但起源不同的物種相比，人類族群內自我瞭解的差異程度其實不大重要。我們的心靈雖藉由人類的雙手為這顆星球帶來了歷史上的重大改變，但它依舊不可解，這點與所有自然的奧祕一樣。對於後者，我們依舊期待能有更多探索，並在最困難的問題上獲得更多解答。但關於心靈與心理學，似乎還存在著好奇的猶疑。不僅因為它是實證科學中最年輕的，同時也是因為它在接近觀察對象時有巨大的困難。

哥白尼（Copernicus）解放了我們對地心說的偏見，但若想要解放對心理學的偏見，也需要同樣近乎革命的巨大努力才行。首先是從神話觀念的魔咒裡解放，其次是打破一些心靈的偏見，包含把心靈當成大腦生化作用的附屬現象，以及把它當成個人的私事。心靈與大腦的連結並不能證明前者是後者的附屬現象，亦即它不是生化歷程在心理基質（substrate）上帶來的次要功能。然而。我們知道心理功能會被大腦的歷程給干擾，這件事太令人印象深刻，所以心靈是次要的本質，這件事似乎是不可避免的推論。但是，超心理學現象提醒我們，心靈因素會造成時空相對化，而這些因素對心理物理學幼稚而倉促的解釋感到懷疑。由此故，人們否認了超心理學的發現，這或許出於哲學理由，也或許出於智性的懶惰。這很難被認為是科學的負責態度，即便那是由於智性上的巨大困難所造成的通常結果。要把握心靈現象，我們必須考量其他伴隨而來的現象，因此我們不能再運用那些忽略無意識或超心理學存在的心理學了。

大腦結構與生理學無法對心理歷程做出解釋，因為心靈具有獨特的本質，它無法化約成任何事物。就像生理學，它代表著一種相對自足的經驗領域，我們必須給它足夠的重視，因為它包含了兩種必要的存在條件之一，也就是意識現象。事實上，沒有意識，就沒有世界。因為世界只在心靈能有意識反映的情況下才會存在。**意識是存在的前提**。因此心靈被賦予了宇宙原則的尊嚴，從哲學或事實來說，這使心靈獲得了與物質存在原則同等的地位。個體是意識的載體，他不會產生自己的意志，相反地，而是執行來自心靈的意志，且會被自孩童時代起就逐漸醒覺的意識給滋養。因此，若是心靈具有高於經驗的重要性，那麼個人也同樣如此，因為他是心靈唯一且立即的顯現。

這件事必須加以強調，原因有二。第一，由於個別性使然，個體的心靈是統計法則的例外，但個體的主要特性會受統計測驗的影響而弭平。第二，只有當心靈承認教會的教義，也就是臣服於集體時，教會才會認可它的有效性。在這兩種情況下，人若意欲成為個體，就會被視為是頑固的自我中心主義。科學將它貶低為主觀主義，而教會則會在道德上將它斥為異端及精神上的驕傲。對於後者的指控，我們別忘了，基督教不比其他宗教，它們在世人面前所高舉的象徵，其內容是一個人的生命、亦即人子的個體化之路，而教會甚至認為此個體化歷程是上帝的體現和啟示。因此，人發展成為自我這件事獲得了意義，但它的全部意涵並未在一開始就受到重視，因為人們對外界過分關心，這阻礙了通往內在立即體驗的道路。

這一切的障礙使正確評估人類心靈變得更加困難，但相比於另一件事，這個障礙不值一提。那就是普遍的精神病學經驗認為，貶低心靈及抗拒心理啟蒙這兩件事在很大程度上都源於恐懼，那是源於無意識領域所發現的恐懼。這些恐懼不只出現在對佛洛伊德所描繪的，那些對無意識感到畏懼的人中間，同時它也困擾著這位精神分析的創始人。佛洛伊德曾向我坦承，為他的性理論設立教條是必要的，因為那是理智用來抵抗「神祕主義腐蝕性黑色浪潮」唯一的防波堤。佛洛伊德用這些話表明了無意識裡藏匿著許多事物，而這些事物可能會被借來解釋「神祕現象」，事實上的確如此。這些「古老的遺跡」(archaic vestiges)，或者原型的樣式深植於本能中，它們具有神聖的特性，有時會引發恐怖的感受。它們無法改變，因其代表心靈自身的終極基礎。它們無法以智性來掌握，如果有人破壞了它們其中一個顯像，它們就會改頭換面重新出現。正是對無意識心靈的恐懼妨礙了自我瞭解，也為心理學知識的廣泛理解設下了巨大的障礙。這種恐懼強烈到人們不敢對自己承認它的存在。這是每個宗教的信徒都應嚴肅思考的問題，或許他會因此得到帶來啟發的答案。

科學導向的心理學一定會走向抽象化，也就是說，它會讓自己充分遠離所觀察的對象，僅保持看得見的距離。這是為了實用目的而生的實驗心理學，經常毫無啟發而且令人感到索然無味的原因。個體對象越是在研究視野中佔主導地位，從中得到的知識就會越實際、詳盡以及生動。這也意味著對象的調查研究會變得越來越複雜，而個別因素所產生的不確定性也會因為人數的增加而變多，犯錯的機率也會變大。因此我們能充分理解，學院派的心理學因為畏懼這樣的風險，會藉由詢問比較簡單的問題來避免複雜的情況發生，它想免除麻煩。這樣它才能有充分的自由來把它選擇的問題推給造物主。

另一方面，醫學心理學和這種令人羨慕的狀況很不一樣。此處負責提問的不是實驗者，而是實驗對象。分析師面臨的不是他選擇的事實，就算他有選擇權，他可能也不會做這種選擇。關鍵問題是疾病和病患本身提出來的，換言之，自然與醫生一同進行實驗，而醫生得負責解答問題。個體與其所處情況的獨特性盯著分析師的臉，並要求他回答問題。他作為醫師的責任使他得去處理充滿不確定因素的情況。一開始，他會用一些基於普通經驗的原則來處理，但他很快會發現，這類原則無法呈現事實，也無法碰觸到個案的本質。他對個案的理解越透澈深入，普通原則就越會失去意義，而這些原則是客觀知識的基礎與衡量標準。然而，隨著病患與醫生彼此的理解不斷增加，治療情境就會變得更加主觀。一開始的優勢遂轉為帶著威脅的危險劣勢，主觀化（用行話來說，就是移情與反移情）讓人與環境疏離，那是一種雙方都不願見到的社會性限制，當理解主導了治療情境時它必然會出現，而且沒辦法用知識來加以平衡。當理解逐漸深化，它就越擺脫知識的束縛。完美的理解最終會導致雙方輕率地贊同對方的經驗，那是一種不加批判的狀態，它會消極地伴隨最完全的主觀以及社會責任的欠缺。理解要發展到這種程度是不可能的，因為那需要兩個不同的個體去產生虛幻的認同感。這樣的關係遲早會來到臨界點，當中會有一方認為自己犧牲了個體性來讓另一方同化吸收。它的必然結局將打破理解，因為理解的前提是雙方的個體性得到完整的保留。因此，我們要明智地看待這種情況，那就是只有在理解與知識兩者達到平衡時，理解才有辦法維持，因為不計代價的理解會使雙方都受到傷害。

無論多複雜，這個問題總會出現，個人的處境必須被認識與理解。這是醫學心理學家（medical psychologist）[1]的特殊任務，他得同時提供知識與理解。它也是熱切於治療靈魂的「良心指導者」的任務，如果他不被所處的單位強迫在關鍵時刻使用宗教偏見來衡量他人的話。[2]結果是個體存在的權利被集體的偏見所削減，而最敏感的區域最容易被削減。唯一不會發生的時刻是教條的象徵被正確理解，以及個體認為它很適當的時刻，例如耶穌的模範生活。但這個例子如今怎麼了？我想把對它的判斷留給大家。無論如何，分析師常得治療那些宗教限制對他而言已毫無意義的病人。因此他的專業會驅使他盡可能去減少偏見。同樣地，他雖尊重形上學的（亦即不可驗證的）信念與主張，但也會小心，不能把它們的普遍有效性當真。這份謹慎是必要的，因為病人人格的個人特質不應受到外界的專斷干預所扭曲。分析師必須將此留給環境的影響力，留給病人內在的發展，及從最廣義來說，將它留給命運的安排，無論其是否明智。

許多人或許會覺得這似乎謹慎過頭。然而，有鑑於任何雙人的辯證過程裡，都有多種交互作用在影響，即便此作用受到最明智的保留，一個負責的分析師也會對不必要的集體因素加以約束，而後者是他的病人本就屈從的。此外，他也清楚知道，即使向病人傳遞最有價值的戒律也只會引起公開敵意或祕密反抗，從而不必要地危害治療的目標。如今，因為廣告、宣傳及其他帶著些善意的忠告與建言，個體的心理情況受到了很大的威脅。如今個人的心靈狀況受到廣告、宣傳和其他或多或少帶有良好意圖的建議和暗示的威脅，因此，病患或許能夠在一生中得到一種關係，可以不再重複令人作嘔的「你應該」、「你必須」和其他類似無能的自白。為了對抗外部的猛攻及其對個體心靈所激起的反彈，分析師會發現他必須扮演顧問的角色來協助防衛。若擔憂混亂的本能會失控，這樣的可能性是太誇大了，因為內部與外部都存在著明顯的安全堡壘。最重要的是，多數人的本性都很懦弱，更別提還有道德、品味，以及最後一個因素，也就是刑法的節制。這種恐懼和人們最初意識到強烈個人性所付出的巨大努力根本不能比，更別說將它付諸實踐。個人衝動猛烈爆發之處，就是分析師必須保護病人不去笨拙地求助自身缺陷、無情與玩世不恭之處。

隨著討論的繼續，當出現了評估這些個人衝動的必要，合適的時機點就會到來。那時病人對他的判斷力已獲得足夠自信，這使他能依據自己的領悟來行動並下決定，而不僅是跟隨流俗，即便他也剛好同意集體的觀點。除非他堅決捍衛個人立場，否則所謂的客觀價值對他沒有好處，因為它們不過是性格的替代品，這只會壓抑他的個體性。很自然地，社會有無可辯駁的權利去保護自身不被臭名昭著的主觀主義所影響，但因為社會是由那些沒有個性的個人所組成的，它就會完全受那些無情的個人主義者給擺布。讓個人依照意願組成團體與組織，但正是這些組成造成了個體性格的消

1 譯註1。原文為medical psychologist，臺灣無此職稱，相應的專業應該是精神科醫師或心理師。
2 譯註2。此處的「良心指導者」指的是教會人員，而單位指的是教會。

亡，結果反而使社會容易屈服於獨裁者的統治。很不幸，百萬個零合在一起也不會等於一。最終，每件事都得仰賴個體的品質，但這個年代卻有著致命的短視，只會用大數字和大組織的方式來思考，我們認為一群訓練有素的暴民能夠做的事情遠比單一的狂人還要好。很遺憾，這種認識的影響似乎還不夠深遠，我們的盲目異常危險。人們持續歡快地進行組織活動，信仰群眾行動才是有力解方，他們絲毫沒意識到，最有力量的組織往往只能以領導者的異常冷酷及最廉價的口號來維持。

奇怪的是，教會也想藉著群眾行動來驅逐邪惡的魔鬼，連那最關切拯救個人靈魂的教會亦然。它們似乎不曉得群眾心理學的基本原理，亦即個體容易在群眾中淪喪道德與精神，因此，他們不願使自己去擔負真正的任務，那就是幫助個人達成轉化及精神的重生。很不幸，如果個人無法真正在精神上重生，社會也會跟著如此，因為社會是個體的加總，而後者卻需要救贖。因此當教會試著將個人揉合進某些社會組織時，我只能將此視為教會的錯覺，這會使個人陷入喪失責任感的狀態，而非將他從懶散、分心的大眾中拯救出來，並讓他知曉他自己就是獲得拯救的重要因素，因為世界的救贖包含著個人靈魂的救贖。大眾集會確實能在他面前展現力量，又可藉由群眾的暗示獲取他的注意。然而一旦狂喜退去，結局註定悲慘，但大眾很快會再投向另一個更明顯且更大聲的口號裡。他與上帝的個人關係將是有效抵禦這些有害影響的護盾。基督可曾在大眾集會中要求他的門徒前來跟隨？他曾餵飽的五千人可成為了他的追隨者？這些人後來誰不在彼得露出動搖神情時也跟著其他人高喊「釘死他！」呢？而耶穌與保羅不正是信任自身體驗，挑戰世界，走向自身個體化的原型？

這些爭論當然不會讓我們輕忽教會所面臨的現實處境。當教會試著為混亂的大眾塑形，將個人組織成信徒社群，並以暗示來維持住這樣的組織時，它所做的不僅是一項偉大的社會服務，它也保護了個人無邊的利益，為他們帶來有意義的生活方式。然而，這項福祉只確認了某種趨向，卻不能改變他們。很遺憾地，經驗告訴我們，無論個人所屬的社群如何改變，他的內在人格依舊沒有改變。環境無法給我們這項禮物，我們得藉由努力與受苦才能為自己爭取。相反地，一個舒適的環境只會強化我們仰賴外界的危險傾向，即使這份改變根本無法由外界所提供。我這裡指的是，內心的深刻改變。當前的從眾現象以及未來的人口爆炸等問題，它們是目前最迫切的任務。是時候好好問自己，我們在大眾組織中所凝聚的究竟是什麼？以及個別人類的本質究竟是由什麼組成的？換言之，真正的人是什麼，而不是統計學裡的人。除非藉由全新的自我反省歷程，否則我們無法回答這個問題。

正如我們所料，所有的群眾運動都容易傾斜到由多數人所組成的斜面去。哪裡人多，哪裡就有安全感。多數人相信的就一定是真的，多數人要的，就一定是值得爭取的、有必要的，因此也是好的。在眾人的喧鬧聲中，蘊藏著可由暴力來滿足願望的力量。然而最迷人的，是可以溫和且無痛地回到幼兒時期的王國，並在那裡沉睡，進入父母無私關懷的天堂，永保快樂幸福及不負責任的狀態。所有的思考與照料都由上面的人完成，每個問題都有答案，一切需求都能得到滿足。大眾的幼稚夢幻狀態是如此不現實，他從未想問，誰會為這天堂買單？帳單的平衡留給更高的政治或社會權威來解決，它們很喜歡這種工作，因為權力可以隨之增加。而它們越有權力，個人就會變得越發虛弱與無助。

每當這類社會條件得到大規模的發展，走向專制之路就會開啟，而個人的自由也會淪為精神與身體的奴隸。既然每種暴政事實上都是不道德且冷酷的，那麼比起重視個人的制度而言，它就有更多方法可以自由選擇。當這樣的制度與專制國家產生衝突時，很快就會讓人發現它在道德上的劣勢，因此前者會被迫使用與對手相同的方法來獲益。即便能避免邪惡的直接感染，但邪惡也會因此不可避免地散播開來。當決策的重要性取決於數字及統計價值時，受感染的危險就越大，當前的西方世界隨處可見這樣的例子。大眾那使人窒息的力量每天都在我們眼前的報紙上以不同的形式耀武揚威，對我們宣揚個體微不足道的訊息，使人喪失了保持清醒的希望。那已陳腐的理想，諸如自由、平等、博愛完全幫不上忙，他只能向他的劊子手上訴，而後者就是大眾的發言人。

要抵抗組織化的群眾只能透過其個體性也有良好組織的個人才可能。我完全明白這個主張對現代人來說幾乎難以理解。有某個中世紀的觀點頗有助益，那就是，人是一個小宇宙，他是反映著大宇宙的微縮。雖然這種包容世界、決定世界的心靈，它的存在能教給人類更好的東西，但它早已被人們丟棄。不僅是宏觀宇宙的形象已深植入人類的心靈本質，人類也為自己在更寬廣的尺度內創造了這個意象。他一方面藉由意識的反思和宇宙保持著「一致性」；另一方面，受益於遺傳，本能中的原型本質也將他與環境緊緊相繫。但他的本能不僅使他依附於大宇宙，某種意義上，它也將人撕成兩半，因為人的慾望將他推向了不同的方向。他因此陷入了與自己的永恆衝突，在把自己奉獻於完整目標的追求中也很少取得成功，他常得付出很大的努力來壓抑本性的另一面。我們經常得問自己，這種心靈的片面性是否值得往前推進，因為人類心靈的本質是由各種元素及與其對立的行為所組成，也就是說，它存在著一定程度的分裂。佛教將之名為對「萬物」的執著。這種情況迫切需要秩序與合成（synthesis）[4]。

正如混亂的群眾運動最後都以兩敗俱傷作結，並被獨裁者的意志推往某個極端的方向一樣，處於分裂狀態的個人也需要具指導性和秩序性的原則。自我意識希望由自己的意志來扮演這個角色，卻忽視了無意識因素這個強大的存在，它會阻礙自我的意圖。如果他希望能將目標加以合成，就必須先瞭解這些因素的本質。他得去**體驗**它們，或者得擁有某種神聖的象徵來加以表達並將之引向合成。對現代人而言，一個可理解且可視覺呈現的宗教象徵可以勝任這項任務，但迄今為止，我們對基督教象徵的概念肯定無法這麼做。相反地，白人「基督教」所統治的世界已完全分裂，而我們的基督教人生觀已被證實無力防止古老社會秩序的再起，亦即共產主義。

這並不是說基督教義已經消失。相反地，我認為那並不是基督教義的問題，而是我們對它的概念及詮釋出了問題。在面對當前的世界處境時，這些理解方式實在太過陳舊。基督教的象徵是有生命的事物，內部攜帶著往前發展的種子。它可以持續發展，而這仰賴於我們人類，我們是否能下定決心再次沉思，甚至更徹底地思考基督教的假設。這需要一種對個體、對自我的小宇宙，採取一種和以往截然不同的態度。這是無人知曉在人類眼前所開展的是什麼道路、他會經歷什麼內在體驗，或宗教神話之下的心靈事實為何的原因。這些事情都籠罩著普遍的黑暗，無人知曉他為何應該感興趣，或者他應將自己獻身於什麼目標。在這些問題之前，我們依舊無助。

這並不令人驚訝，因為所有的王牌事實上都掌握在我們對手的手裡。他們可以訴諸手上的大軍及它毀滅性的力量。政治、科學與技術都站在他們那一邊。宏偉的科學論辯代表著智性所能達到的

4 譯註4。合成，也翻譯為綜合。榮格用此語和佛洛伊德的還原（reductive）對比。榮格認為心靈具有目的性，指向未來。因此要特別重視在夢境中出現的事物，它的內容本身就有意義，不要將它導向過去或還原成某種符號。

最高水準，也是人類心靈的成就。因此對曾經接受過各種啟蒙的當代人而言，科學已將他們從舊日的黑暗退步及迷信中拯救了出來。但他卻不明白，他的老師錯誤地把不能相比的因素進行了比較，以至於嚴重迷途。尤有甚者，那些高知識水準的菁英都一致認為，科學今日無法解決的事情，在其他時代也不可能解決。最重要的是，信仰的事實本可能給他一個超越世俗的立場的機會，被以與科學事實相同的背景來處理。最重要的是，信仰本來能給他一個機會去擁有超越世俗的觀點，但科學也把它放在同樣的脈絡來對待。然而，當個體質疑教會及其代言人（而這些人是被委託來拯救個人的靈魂）時，他會被告知，個人從屬於教會多少是必要的，他在信仰中所質疑的事實是曾經發生過的歷史事件，儀式行為會產生神奇的效果，而耶穌的受難則間接地將他從罪及其後果（換言之，永恆的詛咒）中拯救出來了。[5]如果他以這種有限的方式來反思這些事，他只能坦承自己完全搞不懂，而在他眼前的只剩下兩條路：默默地繼續信仰，或者直接拒絕這種論調，因為它們斷然不可理解。

鑑於現代人能輕易地思考和瞭解國家傳遞給他的「真理」，所以他對欠缺解釋的宗教更難理解（「你所念的，明白嗎？」他答道：「沒人指教我，怎能明白呢？」《使徒行傳》第8章第30節）。如果他未因此放棄宗教信念，這是因為宗教衝動具有本能性的基礎，因此也是一種特殊的人類功能。你可以拿走一個人的神，但得拿其他的東西替代。由大眾形塑的國家，其領導者難免會被神化，而在這個粗製品還沒以武力成功推行前，使人著迷的因素就會出來接替，它們充滿邪惡的能量，亦即金錢、工作、政治影響力等等。當任何人類的本質功能喪失時，亦即意識或有意的表達被否認時，便會造成普遍的困擾。因此，理性女神（Goddess of Reason）的勝利為現代人帶來了普遍的神經質，這不是很自然的嗎？人格的分裂在此可以類比於鐵幕國家為世界所帶來的分裂。無論你生活在哪一方，這條界線都給現代人的心靈設置了帶刺的鐵絲網。正如典型的神經症患者無法覺察到自己的**陰影面**一樣，一般人也像個神經症患者，總是在他的鄰居或這條分界線另一端的人們身上看見自己的陰影。那甚至會演變成一種政治與社會責任，雙方互將資本主義與共產主義標記為異常邪惡之物，以便吸引外界目光，來讓自己免於自我反省。但就如神經症患者那樣，儘管他對自己另一面保持無意識狀態，但也能模糊地感知到自己的心理情況有問題。因此西方人才對自己的心靈與「心理學」發展出一種本能的興趣。

因此不管精神科醫師有沒有意願，他都會被召喚到世界舞台上，對他提出的問題主要是最私密與隱蔽的個人生活，但分析到最後，那全是時代精神帶來的直接影響。因其個人症狀，這些素材常被認為是「神經質的」，正是如此，它由嬰兒期的幻想組成，與成年人的心理內容不一致，因此在意識的範圍內受到了道德判斷的壓抑。多數這類的幻想，就其本質而言並不會以任何形式進入意識，可以這麼說，它也不太可能被意識到並被有意識地壓抑。剛好相反，它們一開始就存在，或者無論如何，是由無意識中產生的，並以那種狀態保持著，直到心理學家的介入才使這些幻想跨入了意識的門檻。當意識發現自己處於壓力狀態下，就會啟動無意識的幻想歷程。若非如此，幻想會正常產生，也不會帶來一連串的神經障礙。現實上，這類幻想屬於童年世界，只有過早被意識生活的異常

5 譯註5。榮格此段的意思是，教會在面對信徒的質疑時，依舊強調《聖經》中的記載是真實的，儀式會帶來物理效果，而不是把它視為象徵來理解，詮釋必須與時俱進。其意近於我常說的，故事與象徵是一種心理事件，不是歷史事件。

情境所強化才會產生神經障礙。它特別容易因父母造成的不良影響而出現，那會毒化家庭氣氛並產生衝突，從而危及孩子的心理平衡。

當神經症在成人身上出現時，童年的幻想世界就會重現，我們會忍不住想以因果論來解釋原因，認為它是源於幼稚的幻想。但那未能解釋幻想何以沒有在過渡期間發病。病理因素只會在個體面臨他無法以意識手段克服情境時才會發展起來。它在人格發展上所造成的停頓，為童年幻想開啟了水閘。當然，在意識人格持續保持暢通的時候，它會繼續潛伏，不會呈現。當幻想達到特定強度時，它們就會突破意識並創造出病人得以覺知到的衝突情境，將他分裂成擁有不同個性的兩種人格。因此，這分裂早已在無意識中蓄勢待發，當這些能量從意識中流瀉而出（因為沒去使用），強化了無意識的負面性，尤其是人格的幼稚特質。

既然孩童的正常幻想實際上不過是**本能的想像**，因此可能被視為未來意識活動的預演，由此可見，即便神經症患者的幻想有病理性的變化，或者也受到能量退行所造成的扭曲，但它依舊包含正常本能的核心，它的標誌就是適應性。神經症常常意味著對改變的不適應，以及對正常活力與適當「想像力」的扭曲。然而，本能的活力與形式都高度的保守且古老。當心靈表現出本能衝動的形式時，會以**意象**來呈現它們的本質，意象是視覺化且具體的，就像一幅畫。舉例來說，如果我們能觀察絲蘭蛾（yucca moth）的心靈，[6]便會發現那裡存有各種觀念的形式，它們具有神祕及迷人的特質，不僅會驅使絲蘭蛾只能在絲蘭屬的植物上進行生殖活動，也能協助牠「認識」全部的情境。本能絕不是一種盲目且不確定的衝動，因它證明自己能適應一個限定的外部情境並與之相協調。這種環境賦予了本能特定且不可縮減的形式。如同本能是原始且遺傳而來的，它的形式也同樣古老，也就是說，它是**原型的**（archetypal）。它甚至比身體的形式還要古老且保守。

這些生物學的思考自然也可應用在智人身上，儘管擁有意識、意志以及理性，但智人仍舊在一般生物學的參考架構內。我們的意識活動根植於本能中，並從中衍生出活力以及理想形式的基本特徵，這對人類心理以及其他動物都有相同的重要性。人類的知識本質上包含了對原始觀念形式的持續適應，這些原始觀念是先驗的。這些觀念需要特定的調節，因為它們的原始形式適用於古老的生命模式，卻不適用於分化環境的特定要求。如果進入我們生命的本能活力之流是需要維持的，是我們的存在所絕對必需，那麼我們就有必要重鑄這些原型的形式，使其適合於當前的挑戰。

6 原註1。這是一個昆蟲與植物共生的經典案例。〔參見“Instinct and the Unconscious,” *The Structure and Dynamics of the Psyche*, pars.268, 277. —編者（1964）〕

5．生命的哲學與心理學方法

我們的思想總是不幸且無可避免地落後於總體情境的變化。它們幾乎沒有別的選擇，因為只要世界沒有改變，它們多少就會對其適應，並以令人滿意的方式持續運作。因此，觀念沒有對新事物做出改變和適應的實際理由。只有在情況出現劇烈改變，外在情境與我們已變得過時的思想之間出現難以忍受的裂痕時，我們的世界觀或人生哲學才會出現，同時也才會產生下面這個問題，亦即用以維持原始意象的本能能量流該如何重新定位或適應？它們無法只用某種新的理性架構來替代，因為這會使我們被外在情境過分模造，欠缺了人類的生物需要。此外，此法不僅未能建造一座通往原初之人（original man）的橋梁，更完全阻絕了瞭解原初之人的方法。這便是馬克斯主義者的教育目標，他們跟上帝一樣，想藉由國家的意象來重塑人類。

今日我們的基本信念正逐漸朝理智化改變。我們的哲學不再是某種生命的道路，如它在古代的角色那樣；它已變成一種過分理智與學術的工作。那些有著古老儀式與概念的各宗派，它們自身相當合理，所表達的世界觀對中世紀的人來說也不困難，但對現代人而言卻顯得怪異且難以理解。儘管與當代科學觀有所衝突，但一種深處的本能卻使人們堅持這種觀點，從字面上講，這種觀點並未把人類這五百年來的心智發展給納入考慮。其目的明顯是為了防止人類墜入虛無主義的絕望深淵。但作為一名理性主義者，即使覺得應當批評各宗教太過拘泥於字義、心胸狹隘且迂腐過時，但我們也不該忘記，宗教所宣稱的教條包含著象徵，儘管對它的解釋仍有分歧，但因象徵裡頭存在著原型的特徵，所以它具有生命。因此，智性的理解絕非每種情況所必需，只有人們的感受與直覺的評估不夠充分時才會需要，也就是說，只對相信理智是具有主導性能力的人才必要。[1]

在這方面，沒有比**信仰**與**知識**間的鴻溝更典型且更鮮明的了。當中的矛盾非常巨大，人們不得不認為，這兩種範疇及看待世界的方式是不能拿來比較的。然而，它們卻同樣關切著我們所居住的經驗世界。即使神學家告訴我們，信仰是由事實所支持的，但這事實是我們這個世界的歷史事實，亦即基督是由人類所生，他行過許多奇蹟，也受了命運之苦，死於彼拉多（Pontius Pilate）[2]之手，並在死後以肉體重生。神學拒絕承認這份早期記錄是以神話的形式寫就的，因此應以象徵的方式來理解。的確，神學家近來在描繪某些關鍵問題時武斷地畫出了界線，但同時也試著把信仰對象中的神話色彩加以去除，這無疑是對「知識」的一種讓步。但對具批判性的思想家而言，神話很明顯是所有宗教的完整組成之一，因此排除它的同時必然也會對信仰帶來傷害。

信仰與知識的不合是**意識分裂**的一種症狀，而這個心智障礙的特性屬於我們這個時代。就如同兩個不同的人分別從各自的觀點對同一件事做出見解，或如一個處於不同心智架構下的人在描繪一幅他自身經驗的圖像。如果我們把「人」替換成「現代社會」，後者很明顯在遭受心智分裂的痛苦，例如神經障礙。從此點言，一方堅持向左，另一方堅持向右，這對事情一點幫助也沒有。這就是發生在所有神經症患者內心中的事，這使他深感苦惱，而也正是這份苦惱將病人帶到了分析師面前。

如我在上文中的簡述，如果我沒因為忽略實務上的細節而讓讀者感到困惑的話，那麼分析師必

1 譯註1。對榮格而言，每個人的優勢心理功能並不相同。榮格此處的意思是，只對那些思維型（thinking）的人而言，理智才是必不可少。對其他擁有不同優勢功能的人而言並不見得。

2 譯註2。古羅馬的猶太總督，他將耶穌釘死於十字架上。

須為病人人格內的**雙方**建立關係，只有如此，才能使分裂的雙方合為一個整全的人，而不僅是讓某一方壓制著另一方。而壓制的行為正是病人一直在做的，因為當代的世界觀讓他毫無選擇。他的個人處境與集體處境相同。他是社會的縮影，在最小單位上反映著社會的整體情況，或者反過來說，是這些最小的社會單位在層層加總後產生了集體的分裂。而後者的可能性更大一些，因為生命直接具體的載體乃是個別的人格，而社會和國家則是傳統的概念，只有在被凝聚成團的個人所代表時，它們才具有實在性。

很少人注意到這件事，對世俗化而言，基督教時代的顯著特徵與它最高的成就，都已成為我們這個時代的先天缺陷，也就是：**上帝之語的至高性**，邏各斯（the Logos）[3]，它們支撐著基督教信仰的核心。上帝所說的話語已從字義上成為了我們的神明，至今依舊如此，即便我是從傳聞裡認識基督教也一樣。就連「社會」與「國家」這樣的字眼也跟著變得具體，以至於它們幾乎被擬人化了。對市井小民而言，「國家」比起任何歷史中的國王，都更像一位美好事物的贈與者，它的贈與永不匱乏。「國家」被召喚來為我們負責，聽我們抱怨，以及做其他各種事。社會則被高舉成最高的倫理原則，人們甚至相信社會具有積極的創新能力。似乎沒人注意到對上帝之語的崇拜，它是人類心智發展階段中的必需，但也有危險的陰暗面。也就是說，由於數個世紀以來教育普及的結果，上帝之語此刻已獲得了普遍的效力，能與聖人（devine Person）產生原始的連結。因此就有了擬人化的教會與國家，這句話中的信仰變成了輕信，而這句話本身則成為夾帶著謊言的可憎口號。隨輕信而來的是宣傳與廣告，它們以政治舞弊及空頭支票來愚弄公民，而謊言則達到了前所未有的嚴重程度。

因此，原來用以宣告人的團結及在上帝形象中的合一的那句名言，在今日反而淪為懷疑與不信任的源頭。輕信是我們最糟糕的敵人之一，但那是神經症者用以壓制心中的懷疑與想像，說服自己那不存在的權宜之計。人們以為，我們只需要「告訴」一個人他「應當」去做什麼事，便能把他拉回正軌。但他是否能夠做或願意去做，卻是另一回事。心理學家已經明白，告訴、勸說、規勸、忠告等方法往往無濟於事。他必須瞭解病人的細節並對他心中的一切有真實的認識。因此他必須與患者的個別性和睦相處，依照他的方式理解他內心的每個角落與縫隙，並達到比老師或甚至精神領袖還更深遠的程度。他的科學客觀性不能排除任何假設，這讓他把病人視為一個人，同時也是一隻類人猿，亦即被束縛在肉身的動物。他的訓練使他的醫學興趣超越了意識人格，直抵由性趨力及權力趨力（或自我肯定）所主導的無意識本能，這與聖奧古斯丁（Saint Augustine）所說的兩種道德概念相符：色慾與驕傲。這兩種基本本能的衝撞（種族延續及自我保護），是許多衝突的來源。因此，它們是道德判斷的主要對象，其目的是為了盡可能地防止本能的衝突。

如我上文所述，本能有兩個主要方面：一方面，是活力與衝動；另一方面，則是特殊的意義與目的。所有人的心理功能很可能都擁有某種本能的基礎，正如動物身上明顯可見的那樣。我們可以輕易見到，動物的本能是牠所有行為的精神指導。但這項觀察在學習能力開始發展時會變得不太確定，舉例來說，在高等猿類及人類身上便是如此。在動物身上，由於牠的學習能力，本能經歷了許

3 譯註3。又可譯為「道」，或「聖言」，可理解為上帝的言語，而它常常是耶穌基督的同義詞。對榮格來說，邏各斯不是一種原型，而是本質上的理性，每個人都可藉由邏各斯而與最終意義相連。可進一步參見：《榮格心理學辭典》。

多修正與分化，而在文明人身上，本能則分裂得更厲害，只有幾種基本的本能還有辦法認出它們的原始形式。最重要的是這兩種基本本能及它們的衍生物，而這是目前醫學心理學最關注的對象。但本能的後續分支卻使研究者遇見了難以精確歸類的形態。且舉一例說明，權力本能的發現者[4]提了個問題：那明顯表達出的性本能，是否可能無法用「權力安排」來做出更好的解釋。就連佛洛伊德本人也不得不承認，除了最為重要的性本能之外，「自我本能」也同樣存在，這是對阿德勒觀點的清楚認可。由此來看，多數神經症的案例之所以用任何一個理論都能解釋得通，而且毫不矛盾，就一點也不令人意外了。這樣的困惑並不表示其中某個觀點有問題，或者兩種觀點都是錯誤的。剛好相反，雙方都具備了**相對**有效性，它們不像某些狹隘或教條的論點所說的那樣，佛洛伊德與阿德勒兩人都允許另一種本能的存在與競爭。[5]儘管如我所說的，人類本能的問題並不簡單，但我們假定學習能力這項人類獨有的特質其實源於動物的模仿本能，這點應當是不會錯的。正是這項本能擾亂了其他的本能活動，並最終修改了後者，舉例來說，我們在鳥類的鳴唱聲中觀察到，牠們會採用其他同類的旋律。

沒有什麼比人的學習能力更能使他脫離自己的本能了，它成為一種獨特的趨力，推動人類的行為模式做出持續性的轉變。比起其他事物，它也得為人類存在境況的改變及對適應文明所帶來的變化負更多責任。它也是許多心理困擾與困難的終極源頭，後者是因人類持續與自己的本能根基疏遠而引起的，例如他的無根性與對自己意識知識的認同，以及他用犧牲無意識為代價來關注意識的發展等等。結果就是現代人只有在意識到自己的時候才認識自己，那是一種大幅依賴環境條件與知識，以及控制原始本能傾向的調節能力。因此，他的意識主要是藉由觀察與探究周遭的世界來自我引導，而正是由於這種特性，人類才必須適應自己的心理與技術資源。這項任務相當艱難，而完成的好處又相當大，因此他在過程中忘記了自己，忽略了他的本能天性，用對自己的概念來取代他真實的存在。他因此在不知不覺中滑落到純粹概念性的世界，意識活動的產物在此逐漸取代了真實。與自己本能天性的分裂使文明人不可避免地陷入了意識與無意識、精神與本質、知識與信念的衝突，當他的意識不再能忽略或壓制本能時，分裂就會成為病態。當處於此關鍵階段的個體聚集起來，便會開啟一場群眾運動，意欲領導這群受壓迫者。意識會在外在世界尋找原因來與這個傾向保持一致，這類呼求會上升為政治與社會的改變，並假定那能自動解決深層的人格分裂。這項要求何時得到滿足，帶來同樣弊病的政治與社會條件就會再次以不同的形式歸返。接著發生的便是一個簡單的逆轉：下層躍居於上，陰影取代了光明，而前者總是處於失序與動亂狀態，受壓迫者雖遭解放，但他們的自由必會遭受嚴格的削減。魔鬼以魔王別西卜之名被驅逐了出去。[6]這些都是不可避免的，因為那並未觸及邪惡的根基，僅是暴露了它的另一面而已。

共產革命把人類的基礎貶得比民主的集體心理還要低，因為它不僅從社會中剝奪了人的自由，在道德與精神領域也是如此。除了政治上的困難，西方也繼承了強大的心理缺陷，這使西方在納粹

4 譯註4，意指個體心理學的創造者阿德勒，他是佛洛伊德的同事，因提出權力本能與自卑情結等觀念而與佛洛伊德的性本能理論產生衝突，後來於1911年離開精神分析圈，造成精神分析運動的第一次分裂。

5 譯註5。榮格在生命的晚期，特別在此段為佛洛伊德與阿德勒兩人調解，讀來頗為動人。因為兩人曾為了各自的心理學理論鬧得不可開交，彼此的徒眾亦是各擁山頭，互不相讓。

6 譯註6。此語意近於「請鬼拿藥單」。榮格此處應是引用《馬太福音》第12章第27節所做的諷刺，原文為「我若靠著別西卜趕鬼，你們的子弟趕鬼，又靠著誰呢？」但書中文句稍有不同。

德國時期不悅地感受到這份痛苦：我們現在可以指責陰暗面了。它很明顯在我們政治前線的另一邊，而我們在善良的這一邊，並因自己擁有正義的理想而開心。最近不是有一個知名的政治人物坦承他「根本沒想過惡的問題」嗎？[7]以民眾為名，他表達出這樣的事實，亦即全體西方人正處於失去自己陰影的危險當中，因為他們把自己認同為他所虛構的人格，而世界則是由科學理性主義所繪製的抽象畫。他精神上及道德上的對手跟他一樣真實，已不再存於心中，而是位於地理分界上的另一邊，這條分界線不再代表外部世界的圍籬，而是越來越帶威脅，想把人的意識從無意識中分裂出去。思維與感受失去了它們內在的極性，而宗教的定位也越來越沒影響力，掙脫束縛的心理功能搖擺不定，甚至不再有神明能制止。

我們的理性哲學從沒關注過我們身上那個被輕蔑地稱為「陰影」的另一人，並不在乎他是否贊同我們意識的計畫與意圖。很顯然，哲學並不知道我們內心有真正的陰影，它的存在根基於我們的本能天性。沒人能忽略本能的活力與意象，而不對自己造成傷害。對本能的侵犯或疏忽會為生理及心理的天性帶來痛苦，而這尤其需要醫學治療加以幫助。

在過去五十年裡我們已經知道，或可能已經知道，有與意識相平衡的無意識存在。醫學心理學已經提供了所有必要的經驗與實驗方法來證明，無意識的心理現實會自動影響意識及其內容。我們知道這些現象，但還未從中得出實際結論。我們仍然用過去的方式在思考和行動，彷彿我們只有單一面向，而非兩者兼具。我們因此假想自己無害、理智、且深具人性。我們不去懷疑自己的動機，也不問自己內心（inner man）對我們外在世界做的事情有何感想。但若忽略了無意識的反應與立場，實際上我們就是瑣碎、膚淺而且不理性的，心理上也不健康。我們大可以認為我們的胃或心臟不重要，可以加以忽略，但這並不能免除暴飲暴食或過度用力對人帶來的不良影響。然而我們卻認為心理紊亂及其後果可藉寥寥數語來消除，因為對多數人來說，「心靈」一點都不重要。但依舊無人可以否認，沒有心靈，就沒有世界，更別說一個具有人性的世界。事實上，每件事都仰賴著人類的心靈與功能。它值得我們付出全部的注意力，尤其在今日，每個人都承認未來的苦痛既非由野生動物決定，也非由自然災禍，或世界性流行病所決定，而僅由人類的心理變化所決定。只需要我們統治者的腦袋稍微失去一點平衡，全世界就會陷入死亡、戰火與核射線中。造成此結果的科技方法雙方目前都已具備。而意識上的顧慮不受任何內在的敵手所控制，它可以輕易付諸實行，如我們已在某個「領導者」身上所看到的例子。當代人的意識依舊大量依附於外在的對象。他視後者為唯一重要的事物，好像一切決定都得依賴它們。特定個人的心理狀態能否由外在對象的行為中獲得解放，對這個問題我們想得還太少，儘管這種非理性行為每天都能看見，而且發生在我們每個人身上。

在我們的世界，意識的荒涼狀態主要是肇因於本能的喪失，而原因是人類心靈在上個紀元（aeon）的發展。人類控制自然的能力越大，他腦中的知識與技能越多，他就越輕視自然與意外所造成的事物，因為所有非理性的資料，包含客觀心靈，它們連意識都稱不上。與意識心靈的主觀性對比，無意識是客觀的，它主要藉由相反的情感、幻想、情緒、衝動和夢境來顯現，它們之中沒有一個是自己創造出自己，而是客觀產生的。即使在今日，心理學大部分依舊是意識內容的科學，它盡

7 原註1。自從寫下這篇文章後，陰影在這幅過分光明的景象下進一步採取了行動，對蘇伊士運河發起了進攻［1956］。譯者說明：榮格此處指的是發生在1956年的蘇伊士運河戰爭，又稱第二次以阿戰爭，這次戰爭使英法兩國徹底失去了對蘇伊士運河的控制。

可能以集體的標準來衡量。個體心靈僅成為一種偶然的、邊緣的現象，而由於無意識只能在真實的「非理性的」人身上才能顯現，它受到了完全的忽略。這並非輕忽或者缺乏知識的緣故，而是一種阻抗（resistance），亦即人們不相信心靈除了自我（ego）之外，還存在著第二個權威。對自我而言，他的專斷受到質疑是一種很大的威脅。另一方面，宗教的信仰者已習慣了他不是自身的唯一主人。他相信上帝會做出最終的決定，而不是自己。但我們之中有多少人敢讓上帝的意志做決定？又有誰能在自己的決定與上帝的決定相去甚遠時不感到難堪呢？

我們因此可以判斷，宗教的信徒會受到無意識反應的直接影響。他們通常會把它稱為良心的作用。但因為同樣的心理背景會產生與道德相異的反應，[8]信眾便會採用傳統的倫理標準，亦即一種集體價值來衡量自己的良心，這受到教會堅定的支持。只要個人能堅守他的傳統信仰，而他所處的時代環境並不過分強調個體的自主性，他就能滿足於自身的情境。但正如今日的狀況，關注世俗的人們已轉向關心外在世界，並失去了宗教信仰，以大眾的面貌呈現，那麼情境就會有根本性的變化。信眾因此被迫防衛或詰問自己，他的信仰基礎何在？他再也不能獲得由「一致性同意」帶來的巨大暗示性力量，他會強烈意識到教會的衰弱及教條不穩定的假設。為了加以對抗，教會勸誡信徒要給出更多信仰，彷佛恩賜之禮取決於人們的善意與願望。然而，信仰的根基不是意識，而是自發性的宗教體驗，它會為個人的信仰帶來與上帝的直接聯繫。

此處我們都應自問：我有任何宗教體驗嗎？我與上帝有直接的聯繫嗎？那樣的確定性能使作為個體的我，免於消失在大眾裡嗎？

8 原註2。參照“A Psychological View of Conscience” (1958). CW 10, par. 826. —EDITORS (1964)。

6．自我瞭解

對於自我瞭解這個問題，只有當個體願意滿足嚴格的自我檢視與自知的需求時，才會有積極的答案。如果他這麼做，不但會發現某些跟自己有關的重要真相，也會獲得某種心理上的好處：他會成功地認為自己值得關注與同情。他會開始宣告他自己的人性尊嚴，並開始朝向他意識的根基，也就是朝向無意識，而它是宗教體驗的唯一來源。這當然不是說我們認為無意識可以等同於上帝或成為上帝。它只是宗教體驗得以流動的媒介。至於此類體驗的深層原因為何，這個答案在人類的知識範圍之外。對上帝的認識乃是超越性的問題。

宗教的信徒在回答我們這時代的關鍵問題（例如威脅）時擁有一項很大的優勢：他清楚知道，自己的主觀存在根植於他與「上帝」的關係。我把「上帝」這個字標上引號的目的是為了指出，我們在處理的其實是一個擬人化的觀念，其活力與象徵都被無意識心靈這個媒介給濾掉了。任何想探索的人至少都得接近經驗的源頭，不論他是否信仰上帝都是如此。若非如此，便只能在極少數案例裡才能見到保羅在大馬士革那樣奇蹟般的轉化經驗了，保羅歸信是這類經驗的典範。[1]那類宗教體驗的存在並不需要證明。但無論是否真有形上學和神學所稱的上帝，以及諸神是不是這些經驗的真實基礎，則會一直讓人感到懷疑。事實上，這個問題很沒意義，因為答案已由主觀且壓倒性的靈啟

1 譯註1。這邊引用的是《聖經》裡「保羅歸信」的故事，保羅在前往大馬士革的路上受到了強烈的感召，使他突然從一名基督徒迫害者成為堅定的基督徒。

經驗回答了自己。任何曾被它抓住的人不會再讓自己沉湎於形上學或認識論毫無益處的思考中。絕對的確定性本身就是證據，它不需要擬人化的證明。

人們對心理學有一種普遍的無知與誤解，那便是認為使個體有存在意義的經驗源於某種媒介，但每個人都對那媒介抱有偏見，這件事相當讓人遺憾。[2]我們再次聽到這類質疑：「拿撒勒還能出什麼好的嗎？」[3]無意識若不被認為是意識心靈底層的垃圾桶，也會被認為「僅只是動物性本能」而已。然而事實上，就定義而言，無意識的範圍與組成都還不確定，所以高估或低估它都沒有意義，也只會被當成是偏見而拋棄。無論如何，從基督徒的嘴裡說出這樣的評斷聽起來實在詭異，因為他們的主和家畜們一起在馬槽裡出生。如果說他在寺廟裡誕生可能會更合大眾的口味。同樣地，世俗的群眾在大眾集會上尋求神聖的經驗，因為集會經驗會提供比個人靈魂更宏大的背景。即使教會的基督徒也會感染到這種有害的錯覺。

心理學堅稱無意識歷程對宗教體驗相當重要，但這一點一直得不到支持，無論是右派還是左派都是如此。對右派來說，從外部給人的歷史啟示才是決定因素；但對左派來說，這純屬一派胡言，他們認為，除了因信仰政黨綱領而召喚來的強烈信念外，人類根本沒有宗教功能。上述這些信念都堅持不同主張，每一種都宣稱擁有絕對真理。然而我們今日住在一個統一的世界，距離是以小時來計，不再是週與月。異國民族不再是民族博物館裡的西洋鏡，他們已成為我們的鄰居，昨天它還只是民族學家會關心的問題，今天已成了政治、社會及心理學的共同問題。不同的意識形態也開始產生接觸、彼此滲透，相互理解的時代或許很快就會到來。如果不能深入認識他人的立場，那麼理解他人肯定是不可能的。對此理解所需要的洞見將會在雙方產生反響。那些把抵擋歷史發展的必然性當成畢生職志的人，必然會遭歷史所拋棄，無論你多喜歡或心理上覺得有多必要依附於這些傳統裡的本質與優點都一樣。儘管還有許多困難，人類的團結都將無可抵擋。在此方面，馬克斯主義的教條以其生命做賭注，而西方則希望用科技與經濟援助來達成目標。共產主義並未輕忽意識形態的元素與基本原則普世性的重要性。有色人種也與我們共享這個意識形態的缺陷，在這點上，我們都一樣脆弱。

因此，對心理因素的低估可能會遭致報復。而現在正是我們對此付出代價的時候。目前看來，這依舊是一種內心的虔誠願望，因為自我認識似乎是個令人不怎麼舒服的理想目標，它充滿了道德的腐朽之氣，而且被心理的陰影所佔據，而後者往往會隨時遭到否認或忽略，因此自我認識仍然很不受歡迎。我們這時代所面臨的任務，確實具有難以克服的困難。如果我們不會因為知識分子的背叛而感到愧疚，就要對此負最大的責任。這話是向那些對瞭解我們世界處境有必要知識，並具領導力及影響力的人所說的。我們可能會期待他們問問自己的良心。但由於那不僅要求智性上的理解，也要求道德上的總結，很遺憾地它沒有樂觀的理由。如我們所知，自然並不會浪費她的恩惠，她不會既賜予一個人聰明才智，又同時給他寬宏恩慈的心。通常，兩者中只能擁有一個，某項能力的存在通常會伴隨其他能力的缺失。智性與情感間的不一致，即使在最好的時代也會相互妨礙，這在人類心靈的歷史中尤其是使人痛苦的一頁。

2　譯註2。榮格指的媒介就是無意識，他的意思是大眾對無意識抱有偏見。

3　譯註3。此段經文源於《約翰福音》第1章第46節，意思是耶穌的出身受到了鄙視，因為他的出生地拿撒勒很貧困，故遭人輕賤。榮格的意思是，無意識裡所蘊藏的活力與完整性同樣被世人所輕賤，只當它是意識的垃圾桶或動物性本能的儲藏庫。見下文。

把我們這時代強加於我們的任務當成一種道德要求是沒有意義的。我們充其量只能搞懂心理世界的處境，讓近視的能看清楚，耳背的人能聽明白。我們可以期待聰明的人與善良的人出現，因此必須不厭其煩地重述這些必要的思想與洞見。最後，直到真理都能傳播，而不是只有謊言的流行。

藉由這些文字，我想請讀者注意人類必須面對的困難。獨裁國家近來帶給人們的恐懼並不少於我們祖先不久前所犯下暴行的總和，這讓他們都感到愧疚。除了基督教國家內部在歐洲史上的暴行與屠殺之外，歐洲人還得為自己曾殖民有色人種負責。就此點而言，白種人身上確實帶著很沉重的枷鎖。它為我們展示了一幅繪有人類共同陰影的圖畫，而那陰影無法以更濃的黑色來描繪。邪惡在人類面前現身，且無疑地在他的內心裡佔了很大的比重，因此教會談到原罪並將它追溯到亞當與夏娃的無知錯誤不過是一種委婉的託詞。實際案例遠比這還嚴重而且被完全低估。

既然大家普遍相信，人只不過是他的意識內所能知曉的事物，所以他當自己是無害的，而這是在邪惡之上又加了一層愚蠢。他並不否認可怕的事已經發生，而且還持續發生，但那都是「別人」做的，跟自己無關。而當這種行為出現在最近或遙遠的過去時，他們很快就會把它遺忘，這種慢性的糊塗狀態變成了我們所說的「正常樣態」。但令他驚訝的對比是，事情最後沒有消失，每件事都沒變好。邪惡、罪咎、良心的極度不適、黑暗的不祥預感，它們就在眼前，只要我們願意，便能看見。是人類犯下了這些錯，而我是一個人，共享著所有的人性；因此我和別人一樣有罪，我內心有著隨時將這些錯事再做一次的能力與傾向，這點不會改變，也不可磨滅。即便從法律來說，我們不是幫凶，但出於我們的人性，我們永遠是潛在的罪犯。事實上，我們只是缺少一個被拉入混亂地獄的合適機會。因此我們之中沒有人能對人性黑暗的集體陰影置身事外。無論罪惡可以追溯到數代人之前還是在今天才發生，它仍是隨時且四處存在的性格症狀，而人們因此可以好好抱著某些「對邪惡的想像力」，因為只有傻瓜才能永遠不去理會他的本質情況。事實上，這種忽視是使人成為邪惡工具的最好方法。無害與天真對此事毫無助益，就如它對霍亂病人以及附近的人一樣，它對這個疾病的傳染性毫無意識。相反地，它們會導致未被我們認識的邪惡投射到「他人」身上。這會以最有效的方式強化對手的立場，因為投射會攜帶「恐懼」，使我們不自覺地在他人身上感受到自己的邪惡，並強化了它可怕的威脅。更糟糕的是，缺乏洞察會剝奪我們**處理邪惡的能力**。當然，我們在這裡會遇見基督教傳統的主要偏見，而它的反對使我們的方針受到強烈的阻礙。我們被這樣告知，人們應該避開邪惡，如果可以，不要碰也不要提。因為邪惡也是疾病的前兆，那是禁忌，人應該感到畏懼。這種驅邪態度導致了邪惡，而這明顯的迴避方式諂媚著我們內在的原始天性，使人對邪惡閉上眼睛，並把它趕到遙遠的邊界，就像《舊約》裡的代罪羔羊，牠應該帶著邪惡進入荒野。

邪惡不是人的選擇，而是存於人類本性之中，如果我們不去迴避，那麼它就會在心理層面成為良善（good）的平等伙伴與對手。這會使我們直接認識心理的二元性，它已無意識地預告了政治世界的分裂，在現代人身上甚至更加無意識地分裂。二元論並不是從此認識中產生的，恰好相反，我們是因為處於分裂的情境才產生了這層認識。我們必須為這麼多罪惡付出個人的責任，而那是一個難以忍受的想法。因此我們更想將邪惡歸諸於個別的罪犯或犯罪集團，同時以天真和忽視邪惡癖性的方式來洗淨雙手。這種偽善的行為不可能長久維持，因為邪惡，正如經驗所示，取決於人類，除非人們願意根據基督教的觀點，假定邪惡具有形上學的基礎。這種觀點的最大好處是它使人類的良心免除了沉重的責任，並把邪惡的起因推給魔鬼，使人類成為心理構造的受害者，而非創造者，這還真是正確的心理學見解。[4]顧及我們這個時代的罪惡已將困擾人類的事物置入最深的影子下，我們必須自問，我們在司法體制、醫藥、科技上如此進步，我們對生命與健康如此關切，但毀滅人類的高效可怕武器何以會輕易發明出來呢？

沒有人會主張原子物理學家是一群罪犯，只因他們的努力導致了人類才智最特別的花朵，亦即氫彈。人類推動原子物理學發展所付出的巨大智識工作是以極大的努力與自我犧牲才完成的任務，而其道德成就也輕易地為他們贏得了獎賞，因為他們發明了有益人類的事物。但即使走向重大發明之路的第一步可能是意識決定的結果，此處猶如每一處，自發的念頭，即預感或直覺，也扮演了重要的角色。換句話說，無意識也經常有決定性的貢獻。因此意識的努力並不能為此結果單獨負責，無意識有它難以察覺的目標和意圖，它同樣佔有一席之地。如果它在你手上放了一把武器，它的目標就是使用某種暴力。對真理的知識是科學最重要的目標，如果在追求光明的過程中我們遇見了巨大的危險，便會覺得那是宿命而不是預謀。並不是現代人比古代人或原始人更有施行邪惡的偉大能力，他只是擁有更具效率的方法來實現他邪惡的本性。隨著他意識的擴展與分化，他的道德本性也逐漸落後。這就是今日橫亙在我們眼前最嚴重的問題：**理智不再能滿足我們的需要**。

從理論上看，單就核分裂這個恐怖實驗的危險性，便可用理智的力量來停止。但人們對邪惡的恐懼卻不停考驗著理性，這份邪惡他在自己身上看不到，卻總是在別人身上發現，儘管每個人都知道，使用這項武器意味著當前人類世界的終結。對毀滅世界的害怕或許會讓我們不至於淪入最糟糕的境地，但只要那座能橫跨心靈與政治分裂的橋梁未能建立，光是末日發生的可能性就會一直在我們頭上籠罩一片烏雲，這座橋梁必須如氫彈一樣真實存在才行。如果全世界都能意識到所有的政治與核分裂都源於心靈的分裂，那麼我們就會明白該如何開始。但是如果個人心靈中最小與最私人的擾動——這對它們自身都無足輕重——如以前那樣未能加以意識與認識，它們便會持續累積並製造出大團體與大眾運動，而它們無法以理智來控制或操控到良好的方向。所有的努力不過是跟影子打架，被幻覺搞得七葷八素的，其實是格鬥士自己。

事情的關鍵是人類自身的二元性，而他卻沒有答案。就在人類舒服地活了好幾個世紀，相信自己是由統一的上帝形象所創造之後，這道深淵突然在近期的歷史事件中向他張開了大口。[5]即使在今天，人們還對此事毫無意識，那就是每個個人都是許多國際組織中的細胞，因此會被它們之間的衝突所影響。他知道作為一個個人，他的存在多少是無意義的，覺得自己是不可控制的力量的受害者。但在另一方面，他的內心藏匿著危險的陰影，而躲在陰影裡面的敵人則是政治怪物陰謀詭計的隱形助手。政治組織的本質是在敵對團體身上看見邪惡，正如個人有著根深蒂固的傾向想抹除一切他不明白的事，並藉由將邪惡強加於他人身上來避免認識自己。

沒有什麼比這種道德自滿與無責任感更能對社會產生分裂與疏離的效果，也沒有任何事比相互撤回投射更能促進理解與**投契關係**。這份必要的自我修正需要自我批評，因為我們不能只告訴他人要撤回投射。因為他們不知道什麼是投射，正如他們不認識自己。只有透過更廣闊的心理學知識來認識自我與他人，我們才能質疑自身假設的正確性，並謹慎地帶著良心將它和客觀事實相比較，唯

4 譯註4。榮格此語是在反諷，並非真意。
5 譯註5。榮格指的是兩次世界大戰。

有如此，我們才能認識我們的偏見和幻覺。很好笑的是，「自我批評」在馬克斯主義國家很流行，但它在那裡卻遵從意識形態的考量，必須為國家服務，而非人際關係中的真理與正義。大眾國家無意促進相互理解及人與人的關係，它致力於將人原子化，孤立個人的心靈。個人越是脫離關係，國家就變得越統一，反之亦是如此。

民主國家無疑也有同樣的狀況，人與人的距離也比公共福利涵蓋的範圍更大，就更別說對我們心理需求的幫助了。的確，藉由訴諸人們的理想主義、激情及倫理良知等，所有的企圖都旨在消弭社會差距，但人們忘了，想回答下面這個問題就有自我批評的必要：這個理想的要求是誰提出來的？這是某個跳過自身陰影的人，為了貪婪地將自己投入理想主義計畫而提出的美好託詞嗎？有多少體面的外表和明顯穿著虛假道德外衣來遮掩內心黑暗的世界呢？我們想先確保那個談論理想的人自己本身是否夠理想，他**真實的**言行舉止比它們**看起來的**樣子更重要。成為理想化的人是不可能的，它有一個不充分的假設。因為我們在這方面特別敏銳，多數理想主義都會在我們面前自褒和炫耀，但聽起來十分空洞，只有公開承認它們的對立面之後才能讓人接受。若沒有這股平衡力，理想就會逾越人類的能力，因其缺乏幽默而變得難以置信，淪於虛張聲勢，儘管它的立意良好。虛張聲勢是一種征服和壓制他人的不正當方法，它不會走向良善。

另一方面，承認陰影會讓人謙虛，因為我們會承認自己不完美。而無論何時要想建立一段人際關係，我們都需要這份意識上的承認與思慮。一段人際關係並非建立在差異化與完美之上，因為這只會強調彼此的不同，或者引來相反的作用。與其說它建立在完美上，倒不如說是建立在缺陷、無助以及求援的需要上，這是依賴的基礎與動機。完美的人不需要他人，但脆弱的人需要，因為他需要被人支持，也因為他不會為難自己的伙伴，使對方陷於不利之處，甚至羞辱他。這種羞辱很容易發生在理想主義過於高漲的時候。

這類反思不應被視為沒必要的多愁善感。人際關係的處境及其與我們社會的內在和諧度是一個迫切的問題，因為壓抑的大眾正逐漸變得疏離。他們的人際關係被普遍的不信任感給削弱。正義未受肯定以及警察監視，只要恐怖統治還在運作的地方，人類就會陷於疏離的境地。這當然是獨裁國家的目的，因為它的統治基礎是由一群能力受剝奪的社會單位加總而成。為反抗這等危害，自由社會需要一條能聯繫情感本性的紐帶，一種博愛的原則，一份基督徒那種對鄰人的愛。但人卻因為缺乏對投射機制的瞭解，而使這份對同伴的愛飽受痛苦。[6]因此自由社會要從心理學的觀點來思考人際關係的問題，這會為它帶來很多好處，因為這裡有真正的凝聚與和諧，以及它所帶來的力量。愛止步之處，權力就開始滋長，暴力與恐怖亦隨之產生。

這些反思並不是對理想主義的呼籲，而是想促進對心理處境的意識。我不知道哪一方更脆弱些：是理想主義呢？還是公眾的領悟力？我只知道持續性的心理改變需要時間，那緩慢產生的領悟力對我來說，效果比起間歇出現的理想主義更為持久，因為後者不太可能長期延續。

6 譯註6。榮格的意思是，多數人不瞭解我們在他人身上見到的邪惡往往源於內心陰影的投射，因此我們無法真正地去愛人如己。

7．自我瞭解的意義

我們這個時代所認為的「陰影」與心靈中低劣的部分並非只包含負面的東西。事實上，藉由自我瞭解，亦即藉由探索我們的靈魂，我們發現了本能及意象世界，並注意到了那淺眠於心靈中的力量，只要它運作正常，我們就覺察不到它。它們是偉大活力的潛能，完全依賴意識心靈的準備度與態度來決定，這些力量以及與之相連的意象和觀念，是否會朝向毀滅與災難。心理學家似乎是唯一從經驗中知道現代人的心理準備程度有多脆弱的人，因為他是唯一強迫自己去人類本性中尋求有益力量與觀念的人，這些有益的力量與觀念一次又一次使他找到穿越黑暗與危險的正確道路。因為這項艱難的工作，心理學家必須拿出全部的耐心，他不能仰賴傳統的應該與必須，不能只讓其他人來努力，而自己卻滿足於擔任建議者與警告者的輕鬆角色。每個人都知道宣揚那些喜歡的事物有多徒勞，[1]然而這種情況的無助感非常大，而需要又如此迫切，人們可能更喜歡犯同樣的錯，而不是為某個主觀的問題動腦筋。此外，當出現問題的個人因治療而獲得明顯進展時，我們卻只能一次一個，無法同時治療上萬個人，這點也一直是個問題。然而我們清楚知道，除非個體有所改變，否則什麼事也不會改變。

雖然人們都想看到對所有個體產生的效果，但它可能不會在這幾百年之內發生，因為人類的精神轉化跟隨著數個世紀以來的緩慢步伐，無法透過任何反思的理性程序來加速或延遲，它不可能在一個世代裡實現。然而，我們力所能及的是，改變那些有機會影響其他志同道合者的個人。我指的不是說服或說教，我想的毋寧是這個眾人皆知的事實：任何能洞察自身行動，並因此找到進入無意識之路的人，都能在不經意的情況下對其所處環境產生影響力。他意識的加深加廣產生了原始人所稱的「魔力」（mana）效果。它在不經意之間影響了他人的無意識，那是一種無意識的威信，它的效果會持續很久，只要不受意識的意圖干擾。

對自我認識的追求並不缺乏成功的前景，因為那裡存在著能在中途滿足我們期望的因素，雖然這個因素完全被人忽略了。而它就是無意識的**時代精神**（*Zeitgeist*）。它補償了意識心靈的態度，並為改變的到來預做準備。現代藝術是最好的例子：儘管它看起來處理的是美學問題，但它真正從事的，是對公眾做心理教育的工作，藉由打破與摧毀它們過去的美學觀點，重塑形式中的美與內容的意義。藝術創造的快樂被主觀本性的冷酷抽象給取代，它粗魯地對感官中的天真爛漫及對外界的天然喜愛關上大門。這以清楚及通俗的語言告訴我們，目前藝術裡的預言精神已從老舊的外界關係轉為主觀的黑暗混亂。很顯然，就我們目前的判斷，藝術還沒從黑暗裡發現能夠團結人類與表達心靈整體性的東西。為了完成這個目標，我們需要對它反思，而對它的探索就要留給其他領域的人來努力完成了。

直到現在，偉大的藝術還不斷地從神話以及象徵化的無意識歷程中，汲取許多豐富的滋養。作為人類精神的原始顯化，它在未來也將持續成為所有創造力的根源。現代藝術的發展似乎有朝向解體的虛無主義傾向，而這必須理解為世界毀滅與重生的象徵及症狀，這份心情是我們這個時代的特徵。這種心情四處瀰漫，無論政治、社會，還是哲學都是如此。我們活在希臘人所稱的關鍵時刻，亦即基本原則與象徵正面臨著「諸神的變形」（**metamorphosis**）。我們這個時代的特殊性肯定不是意

1 譯註1。榮格這句話意在自嘲，笑自己熱心說了那麼多，恐怕也不會有效。

識的選擇，而是我們內在那無意識之人（unconscious man）的表達，他正在變化。未來世代的人們必須嚴肅看待這個重大的轉化，如果那時人類還沒透過自身科技的威力來摧毀自己的話。

正如基督紀元的開端，我們今天再次面臨了道德普遍退化的問題，它跟不上科學、技術與社會變革的腳步。人類危在旦夕，而這取決於現代人的心理結構。他能抵抗將力量用在毀滅世界的誘惑嗎？他能意識到自己緩步前進的方向嗎？他知道必須從當前世界的處境及他自己的心理狀況中得出什麼結論嗎？他知道自己正失去基督教為他珍存的神話嗎？那神話的內容是內在之人的生命會永遠存在。他明白將要發生在自己身上的災難嗎？他究竟能否理解那會是一場災難呢？最後，個人知道**他自己**才是影響天秤的砝碼嗎？

幸福與滿足、心智的平衡與生命的意義，這些價值都只有個體才能體會，而不是國家。國家一方面是由獨立個體的一致同意所塑造，另一方面，它又持續威脅、麻痺和壓制個體。精神科醫師是最瞭解靈魂福祉的人之一，而靈魂的福祉極其仰賴社會的總和。時代的社會與政治環境非常重要，但它們對個人幸福的重要性被無限高估，以致它們被當成唯一的決定性因素。在這點上，我們所有的社會目標都犯了錯，它們輕忽了心理學對人的重要，而只會增長他的幻覺。

因此我希望，一位將自己終身奉獻於理解心理疾病之起因與結果的精神科醫師，能被允許表達自己的意見，以作為一個個體該有的全部謙遜，來談論今日世界情勢所引發的問題。我既未被過度的樂觀所鼓動，也不愛談論高遠理想，我關切的僅僅是人類個體的命運。世界所仰仗的正是個體這個無窮小的單位，假若我們正確讀懂了基督訊息的意義，那我們就會發現，即便是上帝，也會在個體身上追尋祂的目標。

II

象徵與夢的詮釋

Symbols and the Interpretation of Dreams

❖

1．夢的意義

藉由語言，人類會試著在文字上附加意義來傳達他想溝通的事物。但有時他使用的術語或意象描述得並不準確，只能在某些條件下被理解。舉例來說，許多像UN（聯合會）、UNESCO（聯合會教科文組織）、NATO（北約）這樣的縮寫就是如此，它們大量出現在我們的報紙、商標或專利藥物的名稱上。雖然人們不清楚它們的意思，但只要你瞭解它，就知道它們有明確的含義。這樣的名稱不是**象徵**，而是**符號**。我們所稱的象徵是一個術語、一個名字，或一種意象，我們對它可能很熟悉，但其內涵、用法、與意涵可能是具體的，也可能特定暗示著某種隱藏、模糊或未知的意義。就以時常出現在克里特島紀念碑上的雙刃斧這個意象為例，我們知道這個物品，但我們不知道它的特定含義。還有，一名去過英國的印度人告訴他家鄉的朋友，英國人崇拜動物，因為他在英國的老教堂中發現了老鷹、獅子與公牛的圖像，他並不曉得這些動物是福音派人士的象徵。甚至許多基督徒也不知道這些象徵源於以西結的幻象，它可依次與埃及神祇荷魯斯（Horus）及他的四個兒子對比。輪子與十字架是另外一個例子，它們都是舉世聞名的物件，但在某些特定情況下，它們是象徵性的，其代表的意義至今仍有很大的爭議。

當某個術語或意象具有象徵性時，就意味著它會表示或傳達出表象以外的意思。它具有廣闊的「無意識」層面，而那是無法精確定義或充分表達的。這樣的特性是源於當我們在探索象徵時，心智會被導向超越性的本質，因此我們的理智只能在此處投降。舉例來說，輪子可能會把我們的想法導向「神聖」太陽這個概念，但理智在這點上很難勝任，因為我們無法界定或證實「神聖」的存在。我們不過是人類，理智的資源相對有限。我們或許會稱某件事物為「神聖的」，但那只是個名字，一種說法，可能是基於某種信條，無法加以證實。

由於在人類理解力的範圍外存在著太多事物，因此我們常會用象徵性的表達與意象來指涉它們（特別是教會的語言更是充滿了象徵）。然而，有意識地使用象徵僅是心理學事實中的一個重要情況，還有另一種情況是：我們也會在夢中無意識且自發性地製造象徵。

每種統覺（apperception）[1]或認知功能都只能部分完成它的任務，它不可能完整。首先，作為所有經驗的基礎，感官知覺會受我們的感官侷限，縱然透過工具可以帶來某種程度的補償，卻也不足以完全消除不確定性。此外，統覺會將我們觀察到的事實轉化成某種似乎無法比較的媒介，亦即轉化成某個心理事件，而其本質是不可知的。之所以說它不可知，是因為認知功能無法認知它自己，亦即心靈無法知曉自身的心靈本質。因此在每種經驗中，都含有無數未知的因素在內，此外，在某些方面來說，對事物的認知永遠都是未知的，因為我們不可能知曉事物自身的終極本質。

1　譯註1。統覺係心理學的專有名詞。榮格曾區分統覺的兩種模式：主動與被動。前者指的是主體有意識地決定理解新的內容；後者指的是某個內容入侵了主體的意識，例如夢。不論是主動或被動，主體都會涉及其中。可參見《榮格心理學辭典》（楓樹林，2022）。

因此，所有意識的行為或事件都有屬於無意識的層面在內，就如所有感官知覺都有它意識不到的部分一樣：舉例來說，有高於或低於可聽度（audibility）的聲音，也有高於或低於能見度的光線。心靈事件的無意識層只能以間接的方式觸及意識，而它的特色是帶著情緒性，或者帶著意識還無法理解的鮮活生命力。無意識的部分要等事後才能發現，通常在一段時間後，我們才能透過直覺或深度的反思加以覺察。但心靈事件也可以展示自身的無意識面向，最常見的例子是夢境。夢是以象徵的意象而非理性的思想來展現它的無意識面向。正是對夢的理解，才讓我們得以探索意識心靈事件的無意識層面，並發覺它的本質。

人類的心智花了很長的時間才對夢的功能性意義有了一點理智或科學的瞭解。佛洛伊德率先使用經驗性方法來詮釋意識的無意識背景。他的假設是，藉由聯想法則，也就是因果性的關聯，我們可以找出夢境內容與意識表徵的關係，而它們的關係並不僅是隨機事件。這個假設絕非武斷，而是以經驗事實為基礎，它很久以前就被神經學家，特別是皮埃爾．讓內（Pierre Janet）給觀察到了，他發現神經症狀和某些意識經驗有關。它們似乎是從意識心智中分裂出來的區域，在其他時間及不同條件下可以被意識到，就如歇斯底里麻痺此刻還在，下一刻卻消失了一樣，等過一陣子又會出現。布洛伊爾（Breuer）與佛洛伊德在半個世紀以前就已認識到神經症狀的意義，因為它們能表達特定想法而具備合理性。換言之，它們運作的方式和夢一樣：它們會**象徵化**。例如，某個病人遇見了難以忍受的情況，當他試著吞嚥時都會出現痙攣：「他無法吞嚥。」另一個遇見類似情況的病人則出現了氣喘症狀：「他無法在家裡呼吸。」第三個病人則為腿部癱瘓所苦：「他哪裡也去不了。」第四個人無論吃什麼都會嘔吐：「他無法消化。」諸如此類。而他們可能也會做類似的夢。

當然，夢的種類非常多，且充滿了別具一格的豐富幻想，但如果我們遵從佛洛伊德所創的「自由聯想法」，那它們最終都會被化約為相同的基本想法。這個方法會讓病人持續談論他的夢境意象，而那正是沒有心理學背景的醫師所忽略的。由於時間壓力，他們很討厭病人對自己的幻想嘮叨個沒完。但他卻不知道，他的病人即將洩漏自己的祕密，並揭露他疾病的無意識背景了。任何人只要說得夠久，都必然會被他所說的話或刻意不說的話給出賣。他可能會努力誤導醫生和他自己遠離真相，但一段時間後，便很容易看見他想避開的點。透過表面的漫談與不理性的亂聊，他會無意識地畫出一個特定區域，讓自己不斷回到這個他一直試著逃避的地方。在他的託詞中，甚至會使用大量的象徵，表面上雖是想隱藏企圖或加以逃避，卻會不停指向他困境的核心。

因此，如果醫生有足夠的耐心，就會聽到很多象徵性的話語，看似想要對意識隱藏什麼祕密。醫生從生命的醜惡面裡見過許多事，因此當他對病人不安的良心所發出的訊號與暗示進行詮釋時，很少會出錯。很遺憾地，他最終會發現，事情正如自己所料。至今為止，佛洛伊德用壓抑與願望滿足的理論來解釋夢象徵的觀點還沒有人可以反駁。

但是，如果我們思考下文中的經歷，你會開始產生懷疑。我有一位朋友兼同事，他在一趟長長的旅程中坐著火車穿越俄羅斯，為了打發時間，他試著在車廂的套房內解讀火車公告上的斯拉夫字母。然後他陷入了某種白日夢般的幻想，他根據「自由聯想」的原則開始思索字母可能的意思以及讓他回想到的事，很快他發現，自己陷入了往事的回憶。當中最令他不愉快的，是他回想起那些失眠夜晚裡使他難受的伴侶，也就是他的「情結」。而那是被他壓抑並小心避免的主題，這些主題會使醫生將之指為神經症的病因，或者把它詮釋為夢最令人信服的意義。

但是，沒有任何夢可以「自由聯想」到你讀不懂的斯拉夫字母。也就是說，無論從羅盤中的哪一點開始，你都可以直接抵達中央。藉由自由聯想，你就能抵達最關鍵的隱密想法，無論從何地開始，無論那是症狀、夢境、幻想、斯拉夫字母或者當代藝術。無論如何，這件事都無法證明夢與它真正的意義。它向我們展示出那裡存在著可供聯想的材料。夢通常具有具體的結構，彷彿帶有目的一樣，指向潛藏的想法或意圖，儘管它無法立即使人明白。

這段經歷使我大開眼界，我並非全然反對「聯想」，但我認為，人們更應該關注夢境本身，也就是它的形式和陳述。舉例來說，我有一個病人夢到一位喝醉的、邋遢的粗俗女人自稱是他的「妻子」（而他現實中的妻子卻完全不是如此）。因此夢裡的內容令人震驚，而且完全與現實不符，然而這就是夢想說的。很自然地，這個內容無法令人接受，且會馬上被視為夢的胡言亂語。如果你讓病人對此夢進行自由聯想，他會試著遠離這個驚人的想法，以結束這個重要的情結，但你就無法從這個特別的夢裡學到東西。無意識想藉由這麼明顯不正確的內容傳達什麼意涵呢？

如果有人對夢缺乏經驗與知識，他可能會認為夢只是沒有意義的混亂，他有權這麼想。但若有人認為夢是正常的事件，事實上也是如此，那他就得考慮夢若不是因果性的——亦即夢的存在具有理性的原因——不然它就是目的性的，或者兩者兼具。易言之，它們是合理的。

很顯然，夢想表達的是一名和做夢者非常親近的墮落女性。雖然這個想法被投射在他妻子身上，但內容並不正確。那麼，這又意味著什麼呢？

早在中世紀，就有敏銳的思想家注意到，每個男人的內在都「攜帶著夏娃，他的妻子，她被隱藏在他的身體之中。」[2]我把這個位於每個男人身上的陰性元素（基於他生物構造中的少數女性基因）

稱為**阿尼瑪**（*anima*）。「她」基本上包含了與環境的劣勢關係，尤其是與女性的關係，而這段關係會小心地對他人及自己隱藏。一個男人的人格表面可能看來十分正常，然而他的阿尼瑪卻處於糟糕的狀態。這就是做夢者身上發生的事：他的女性面並不安好。對應到他的阿尼瑪身上，他夢裡的陳述直擊要害：你表現得像個墮落的女人。這讓他受到了應有的衝擊。然而，我們也不應把這樣的夢當成無意識具有**道德本質**的證據。它只是企圖平衡意識心智的失衡，因為他深信自己是個徹底完美的紳士這件虛構的事。

這類經驗教會我，不可信任自由聯想。因此我不再跟隨那些跑太遠的，以及顯然背離夢境內容的聯想。我寧可專注在夢境的實際脈絡，因為這是無意識想表達的意圖，我也開始繞著夢本身的內容思考，絕不讓它離開我的視線，或像人們把一件未知物品放在手上反覆琢磨那樣，直到記住每個細節。

但是人們為何應該思考夢呢？它們是脆弱、難辨、不可靠、模糊又充滿不確定的幻想。它們值得我們給予注意嗎？理性主義絕對不會推薦此事，而在佛洛伊德之前的解夢史則是令人傷心的往事，事實上它令人沮喪，至少可說是相當「不科學」。然而，除了精神病、神經症、神話等內容，以及各種藝術的產品之外，**對人類象徵功能的研究來說，夢是最普遍，也是最容易取得的資源**。但是它們也是最複雜與最難以理解的，因為它們涉及個人的本質，所以我們無法在沒有造夢者的協助下解釋這些無意識的產品。夢確實是我們理解象徵的主要來源。

2 原註1。[Dominus Gnosis, *Hermetis Trismegisti Tractatus vere Aureus de Lapide philosophici secreto* (1610) p. 101. —EDITORS]

我們無法**發明**象徵，它們並非意識的有意設計或主觀選擇，如果它們使用這樣的程序，那麼就只是符號及意識想法的縮寫。象徵會自發地向我們示現，就如我們在夢裡見到的那樣，它們不是我們創造的，而是發生在我們身上的。它們無法立即被人瞭解，需要透過聯想法來謹慎分析，但正如我說的，我們不能只用「自由聯想」，否則它會帶我們返回無意識裡，蠱惑我們心智的情緒性思維或情結。我們不需要夢就能到達那裡。在早年的醫學心理學裡有一種普遍的假設，認為分析夢的目的是為了發現情結。但是想達到這目的，只要透過聯想測驗就夠了，它會提供我們所有必要的暗示，我很久以前就對大眾展示過。甚至連做這個測驗也沒必要，因為只要讓一個人說得夠久，我們就能獲得相同的結論。

毫無疑問，夢經常源於情緒的擾動，當中涉及了我們習以為常的情結。這些存在已久的情結是心靈中最脆弱的部分，對有問題的外在情境回應得最為迅速。但我開始猜想，夢可能還有其他更有趣的功能。帶我們返回情結並不是夢的專屬特質。如果我們想學習夢的意涵以及它具有什麼特殊功能，就必須忽略它必然的結果，也就是情結。我們必須制止毫無限制的「自由」聯想，夢本身也提供了這層限制。自由聯想會使我們離開個別的夢境意象，也讓我們無法看清它。我們反而必須緊依著夢境及它的個別形式。夢是它自身的限制。夢就是自身的標準，夢決定什麼內容屬於它，什麼內容又會遠離它。任何不在夢自身範圍內的素材，或超過其個別形式所設置界線的素材，都會偏離正道且只導向情結。而我們不清楚這些情結是否屬於夢，因為它們可以用其他方式出現。舉例來說，幾乎有無限多的意象都可以用來「象徵」或暗示性行為。但夢顯然傾向以特定的方式來表達，儘管最後的聯想結果會導向性交的概念。這不是新聞，也很好懂，但真正的任務是去瞭解為何夢選擇了它自己特定的表達方式。

只有清楚指向夢境的素材才可以用來解夢。但自由聯想會偏離夢的主題，而我經常提到的新方法則更像一種繞行（circumambulation），它圍繞著夢意象的核心來移動。我們專注於特定的主題，專注於夢本身，不去理會做夢者頻繁想要打斷的企圖。這個常見的「神經質」解離傾向有許多層面，但事實上它似乎是意識心智對任何無意識與未知事物的抗拒。如我們所知，這種激烈的抗拒經常是原始社會的典型心態，那是由保守觀念統治一切的社會，有著討厭改變的傾向。任何新概念與未知事物都會造成明顯的、甚至迷信的恐懼。原始人表現出來的都是野生動物對非預期事件的反應。我們高度分化的文明並未完全免除這類原始行為。只要是不符合原本期待的新觀念，就會在心理上遭遇最嚴酷的障礙。它不會被信任，而是在每個層面被恐懼、被反對與被憎惡。許多先行者都有悲慘的故事，這全肇因於他們那個時代原始的厭新心態。在心理學這門最年輕的科學中，你也可以看見厭新心態的作用。在分析你的夢時，若你必須承認一個令自己不愉快的想法，如此就能輕易觀察到自己的反應。人們之所以會急著使用自由聯想當作逃避，原因正是上面所提及的，對意外與未知事物的恐懼。在我的專業工作中，我不曉得必須重複這些話多少次：「現在讓我們回到你的夢。這個夢在說什麼？」

如果我們要理解一個夢，就必須對它嚴肅以待，我們也必須假設，它所指的就是它明顯所說的，因為我們沒有確切的理由假定它可以是它以外的任何事物。然而，夢顯然沒有用處的觀念是如此深植人心，以至於不僅做夢者，就連解夢者都會輕易屈服於「那不過是」的解釋偏見。而當夢變得難以理解時，我們就會越來越想對它置之不理。

當我在東非的原始部落進行田野調查時，驚訝地發現他們會否認做夢這件事。但透過耐心地旁敲側擊，我很快就發現他們像其他人一樣也會做夢，但他們深信自己的夢毫無意義。「普通人的夢沒有意義。」他們這麼說。唯一重要的夢是酋長與巫醫的夢，它們和部落的福祉息息相關。這類夢境會獲得高度重視。唯一的缺點是，「自從英國人來到這裡後」，酋長和巫醫就否認自己做夢了。地區的行政長官已經接管了「大夢」(big dream)的職能。

這件事說明了，即使在原始社會，他們對於夢的看法也彼此矛盾。就跟我們的社會一樣，多數人對夢不以為然，只有少數人特別重視。舉教會為例，它們很久以前就知道上帝托夢這件事，我們這個時代則見證了科學學科的發展，旨在探索無意識歷程的廣大領域。但一般人對夢的理解甚微，甚至毫不理解，連受過完整教育的人也同樣無知，並低估了與「無意識」有密切關聯的一切。

很多科學家和哲學家都否認無意識心靈的存在，他們常天真地說，如果真的有無意識心靈的話，那麼個體內就會存在兩個主體，而不是一個。但這就是事實，儘管人們以為人格是統一的。的確，我們這時代有個大問題，那就是有很多人只認識自己的右手卻不知道自己的左手，他們用這種狀態生存於世。遇到此困境的絕非只有神經症患者。這並非近來的發展，也不能把它歸責於基督教的道德。相反地，它是繼承自全人類普遍的無意識症狀。

意識的發展是緩慢而辛勞的過程，經過了數不盡的歲月才抵達文明階段(我們略嫌武斷地把日期訂在文字的發明，大約是西元前4000年)。雖然自那之後，發展似乎非常可觀，但還遠談不上完善。人類心智中的多數領域無疑還處於黑暗中。我們所稱的「心靈」絕非僅等同於意識及其內容。那些否認無意識存在的人並不知道，他們實際上是在假設我們對心靈的認識已臻於完善，不需要進一步的探索。他們就好像在宣稱，我們目前對自然的瞭解已經來到了頂峰。我們的心靈是自然的一部分，而它隱藏的謎團是無限的。我們無法界定「自然」或「心靈」，只能夠說我們現在瞭解的它們是什麼。因此沒有任何一個理性的人可以宣稱「無意識不存在」，亦即沒有他或其他人意識不到的心理內容存在——就更別提醫學已經累積了如山的可信證據。當然，這種抗拒並非源於科學責任或誠實，而是古老的厭新心態，它會使人害怕新奇以及未知的事物。

對心靈未知部分的特別抗拒有其歷史原因。人類在非常晚近的時候才獲得意識，因此它仍處於「實驗階段」——脆弱、受特定危險所威脅，也容易受傷。事實上，原始人最常見的精神錯亂就是「失魂落魄」(loss of soul)，這個詞指的是顯著的意識解離。心靈或靈魂的原始層次並不如大家假定的那樣是一個整體。許多原始人認為，每個人都跟他們一樣擁有「灌木靈魂」(bush-soul)，它會化身為一隻野生動物或一棵樹，人則與這類心靈的身分相互連結。這就是列維—布呂爾(Lévy -Bruhl)所說的「神祕參與」(*participation mystique*)。[3] 如果靈魂化身為動物，那麼這動物就是他的兄弟，如果那人的靈魂動物是一隻鱷魚，那他就能安全游過一條滿是鱷魚的河。如果靈魂化身為一棵樹，這棵樹就如他父母那樣具有權威。傷害灌木靈魂也會同樣傷害到那個人。也有人認為人有很多靈魂，這清楚表明原始人經常覺得自己是由許多元素組成的。這說明他的心靈還遠沒有穩妥地合成，相反地，在未加抑制的情感衝擊下，心靈很容易遭受分裂的威脅。

3 原註1。列維—布呂爾後來屈服於反對者的批評，遺憾地撤回了這個術語。批評者的意見是錯誤的，因為無意識的身分乃是廣為人知的心理事實。

我們可以觀察到，那看似遙遠的原始心靈領域並未從進步的文明裡消失。正如我所說，右手經常不曉得左手在做什麼，在激切的情感下，人們也很常忘記自己是誰，所以會問：「你是著了什麼魔？」我們被自己的情緒支配和改變，會突然變得不可理喻，或者重要的事會莫名其妙地從記憶裡消失。我們談論著「控制自己」，但自我控制是罕見又非凡的美德。如果你問你的朋友或親戚，他們就能說出連你都不曉得的事，而這些事都跟你有關。人們總是被自己兄弟眼裡的塵埃所迷，只顧著隨意批評別人，卻很少用同樣的方式來批評自己。

這些眾人熟知的事無疑展示出，以我們的文明高度，人類意識還沒達到合理的連續性。意識仍然解離與脆弱，某種程度來說這也是幸運的，因為心靈解離也為我們帶來優點，使我們能專注在一個點上，忽略其他使我們分心的事。但是，意識是有目的地分離並暫時壓制心靈的其他部分；還是這件事**找上**了你，在未經你的同意與瞭解，甚至違背你意志的情況下，你的心靈出現了自發性的分裂，這兩種情況有很大的差異。前者是一項文明的成就，後者是原始古老的情況，或一樁病理事件及神經症的起因。這就是「失魂落魄」，一種至今仍舊存在的心智原始性症狀。

從原始到可靠的聚合，意識確實走了一條很長的路。即便今日，意識的統一程度依舊可疑，因為只要一點情感作祟，就能干擾意識的延續性。另一方面，對情緒的完美控制，這點無論從哪個角度來說都令人嚮往，但這項成就也令人質疑。因為它會使所有社交活動都失去變化、顏色、溫度與魅力。

2．無意識的功能

我們的新方法是把夢當成心靈的自發性產物，除了它會以某種方式讓自己變得有意義之外，不預作任何假設。這和所有的科學假設一樣，也就是認為研究對象值得研究。無論我們有多瞧不起無意識，它至少都和虱子同等級，畢竟昆蟲學家真誠地享受研究虱子的樂趣。至於有人宣稱無意識心靈的存在似乎過於大膽，我必須強調，我們很難想像有比這更保守的構想了。它已經簡單到近乎是贅述：意識的內容消失之後就無法重現。我們所能提的最佳說法是：思想（或者無論它是什麼東西）成為無意識之後，或者被意識切斷之後，它就無法再被記住。或者對於將要突破進入意識的東西，我們有種徵兆或預感：「空氣中有某樣東西在那兒」或「我們聞到了老鼠味」等等。在這種潛藏的或無意識內容影響的情況下說話，並不是一種冒險的假設。

當有東西從意識裡消失時，它並不是在空氣裡消散或不復存在，就像一輛車在轉彎處消失並不是真的不見，它只是離開了我們的視線。就如我們會再次碰到那輛車，我們先前遺忘的想法也會再次出現。如下面的實驗所證明的，我們發現感官知覺也是如此。如果你在可聽度的邊界持續製造音符，就會觀察到，聽覺出現規律的間隔，並介於聽得見與聽不見之間。這種變化是由於注意力週期性的增減所造成的。音符的強度穩定，從未消失。只是因為你的注意力降低，才讓聲音明顯不見。

因此，無意識首先是由許多暫時衰退的內容所構成，如經驗所示，它會持續影響意識的活動歷程。一個處於分心狀態的人走進房間明顯想拿什麼東西，然後突然停了下來，表情困惑：他忘了站起來做什麼，自己要拿什麼東西。他心不在焉地在一堆東西裡亂碰，茫然地尋找他要的東西。突然問他回過神來，想起他要的東西。他像個在睡夢中行走的人，忘了自己原先的目的，但又受它無意識地引導。如果你觀察神經症患者的行為，會看見他們似是有意識地行動，但當你問這些行動的意義時，會震驚地發現他對此毫無知覺，或者心裡在想完全不同的事。他聽了等於沒聽，看了等於沒看，知情等於不知情。數以千計的觀察使專家確信，無意識內容會如意識那樣表現行為，你永遠無法確定思想、言談或行動到底是不是有意識的。有些事情對你來說非常明顯，所以你無法想像它們對你的同伴來說並不存在，而他們卻表現得跟你一樣，好像自己知道這些事。

這樣的行為導致了醫學的偏見，認為歇斯底里症的患者都是騙子。但他們看似多餘的謊言是源於對自己心智狀態的不確定，以及自身意識的解離，而那會造成不可預期的蒙蔽，就像他們的皮膚會出現預期外以及會變化的麻痺區域。我們難以確定皮膚是否能感覺到針刺感。如果他們的注意力能聚在一個特定的點上，他們全身的肌膚就會完全麻痺，當注意力放鬆後，感官知覺就會迅速恢復。此外，當我們催眠這樣的病人時，就能輕易證明他們知道自己的麻痺區域被做了什麼事，或意識衰頹期間所發生的事。他們能記起每項細節，就像他們充分知曉實驗過程裡的事。我想起一名類似的女性患者，她被送來診所時已經處於完全不省人事的狀態。隔天她醒來了，知道自己是誰，但不曉得她人在哪裡，也不知道自己怎麼來的或為何被送過來，也不知道現在的日期。我對她進行催眠後，她就能告訴我她生病的確切原由，她怎麼被送來診所，誰接待了她，以及其他細節。連入口大廳有一個時鐘——儘管不是在很顯眼的地方，她都能準確記起被送進來的時間。每件事就如她在完全正常的情況下發生，而非處於毫無知覺的狀態。

確實沒錯，我們大部分的實證材料都源於臨床的觀察。那也是為何許多批評者認為無意識及其表現屬於精神病理學的原因，它們是神經症或精神病症狀，不會發生在一般的心智狀態下。但就如我很久以前所指出的那樣，神經症的現象絕非疾病狀態的特殊產物。實際上它們是**被病態放大的正常情況**，因此比其他的正常情況更為明顯。我們確實可以在一般人身上觀察到所有歇斯底里症狀的微縮版，但因為症狀很輕微，所以常會受到忽略。從此點言，日常生活就是實證材料的寶藏。

就如意識內容會消散於無意識，其他內容也會從那裡現身。除了在無意識中佔了大部分的回憶之外，從未意識到的全新想法與創造性概念也會從無意識出現。它們就像蓮花，從黑暗的深處裡成長，是潛意識（subliminal）[1]心靈的重要組成。無意識的這個面向與夢境分析尤其有關。我們必須牢記，夢的材料並不必然是由回憶所構成，它也包含了未被意識到的新想法。

遺忘是正常的歷程，由於注意力的衰敗而使特定的意識內容失去了它們的特殊能量。當注意力轉移至別處，就會使先前的內容遺落至陰影，就如探照燈在照亮新區域時，會使其他區域消失在黑暗裡一樣。這點無可避免，因為意識每次都只能完整保留少數的清晰意象，但正如我所言，即使這樣的清晰度也會變動。「遺忘」可被界定為，潛意識的內容違背個人意願暫時停留在視線範圍之外。但被遺忘的內容並未消失。儘管它們不能重現，但依舊處於潛意識的狀態中，它們隨時都能自發出現，那常發生在多年的明顯遺忘之後，或藉由催眠被找回。

1 譯註1。subliminal 可理解為閾限值以下的、未達反應標準的或隱性的。意識的注意力雖然看似不會對閾下刺激做反應，但研究指出，閾下刺激仍會激活大腦的特定區域。該詞常被譯為下意識的、潛意識的，兩者均屬合理。唯前者暗示該刺激介於有無之前，仍可被略微感知到；後者則暗示該刺激無法加以感知，因為它潛藏起來了。為做出區別，本書將 unconscious 譯為無意識，subliminal 則依前後文彈性譯為下意識或潛意識，以方便讀者理解。

除了正常的遺忘，佛洛伊德也描述過許多案例，關於我們想盡快忘記的不愉快回憶。就如尼采（Nietzsche）所言，當自尊過於堅持，記憶就會退讓。因此在遺失的記憶中，我們會遇見許多由於不愉快或不和諧而落入潛意識狀態的例子（而且無法隨意地回想）。這些都屬於**被壓抑的**內容。

與一般性的遺忘相比，**潛意識的感知**也值得一提，因為它在我們日常生活中也扮演重要的角色。我們會看、聽、嗅、嚐，但同時卻對它們毫無所悉，那是因為我們的注意力有所偏移，或由於刺激太過輕微，無法使意識留下印象。但除了明顯的不存在之外，它們確實能夠影響意識。一個著名的例子是，有位教授和他的學生走在鄉間，兩人正深入地談話。突然間他注意到自己的思緒被突然出現的幼時回憶所干擾。他停下腳步往回看：不遠處有座農場，他們剛剛才路過，他回想起來，幼時回憶就是在經過農場後不久出現的。「我們走回那座農場看看。」他對學生說：「那一定是我幻想出現的地方。」回到農場後，教授注意到了鵝的味道。他馬上曉得了，這就是思緒受到干擾的原因：他小時候曾住在一個養鵝的農場，它特別的氣味讓他留下持久的印象，使回憶的意象重新出現。他在經過農場時在下意識地聞到了這個味道，他的無意識知覺召喚出了遺忘已久的回憶。

這個例子說明了潛意識知覺會釋放幼時回憶，其充滿能量的張力強到足以打斷談話。這種知覺是下意識的，因為注意力正在他處，而刺激物的強度不足以造成偏移並立即達到意識的層次。這種現象經常在日常生活裡發生，但人們通常不會注意。

但相對罕見卻更令人震驚的現象是**潛抑記憶**（*cryptomnesia*），或稱為「隱藏記憶」。它會突然發生，多數時候是源源不絕的創作，一個字、一句話、一個意象、一個隱喻，甚至是一整篇故事，其內容呈現出一個奇怪的或引人注意的特質。如果你問作者這些片段是哪裡來的，他也搞不懂，很明顯他並未注意到任何特殊之處。我要舉的例子是尼采的《查拉圖斯特拉如是說》（*Thus Spake Zarathsstra*）中，作者描述的查拉圖斯特拉「墜入地獄」的某些細節特點，幾乎可與某艘船在1686年的航海日誌逐字對應。

尼采：《查拉圖斯特拉如是說》（1883）[2]

「在查拉圖斯特拉待在幸福島的時候，正好有一艘船停留在山上冒著煙的小島邊，船員們上岸獵兔。然而，大約在正午時分，當船長和他的船員們準備再次集合時，他們突然看見一個人在空中朝他們走來，一個聲音清楚地說：『時候到了！就是現在！』但當此人靠近時，他卻像影子般快速朝火山的方向去，他們驚慌地意識到，那人是查拉圖斯特拉。……『看哪！』老舵手說道，『查拉圖斯特拉下地獄了！』」

朱斯提諾斯・克納（Justinus Kerner）：《離開普雷沃斯特》（*Blätter aus Prevorst*）（1831～1839）[3]

「四名船長以及一名叫做貝爾（Bell）先生的商人，在斯特龍伯利火山島上獵兔。他們在三點鐘召集船員上船，此時眾人驚訝地看見兩個人飛快地自空中朝他們而來。一人身穿黑衣，另一人則身穿灰衣。他們以極快的速度接近眾人，並在後者的驚慌中飛入了可怕的斯特龍伯利火山口。他們認出這兩人就是倫敦來的熟人。」

2 原註1。Ch. XL, "Great Events" (trans Common, p. 180, slightly modified).〔關於其他討論，可參見 *Psychiatric Studies*, pars. 140ff. and 180ff. —Editors〕

3 原註2。Vol. IV, p.57, 標題是"An Extract of Awe-Inspiring Import from the Log of the Ship *Sphinx* in the Year 1686, in the Mediterranean."

當我讀到尼采所寫的故事時，我覺得這段文章的風格相當獨特，不像尼采平常的語言，意象也很奇怪，包括一艘停在神祕之島的船、獵兔的船長與船員，以及飛入地獄的熟人。它和克納的相似不僅僅是巧合而已。克納撰寫的文集是從1835年開始，可能是水手故事的唯一來源。至少我確定尼采一定是從這裡收集到這篇故事的。他重述了這篇故事，並做了一些重要更動，顯得似乎是個人創作。因為我是在1902年發現此事，所以我有機會寫信詢問他妹妹伊麗莎白・佛斯德—尼采（Elizabeth Förster-Nietzsche），她還記得她哥哥11歲時，他們兩人一起讀過《離開普雷沃斯特》，雖然她已經記不起這篇故事了。我之所以記得此事，是因為四年前我曾在一間私人圖書館裡讀過克納的文集。由於他們是醫學心理學的先驅，而且我對那時代醫生的作品感興趣，所以我讀過整卷書。隨著時間推移，我老早就忘了這段故事，因為它絲毫沒有引起我的興趣。但在閱讀尼采時，我突然有一種**似曾相識的感覺**，伴隨一陣模糊的老式回憶，然後克納書中的圖片慢慢滲入了我的意識。

伯努瓦（Benoît）的小說《亞特蘭提斯》（*L'Atlantide*）和萊德・海格德（Rider Haggard）的《她》（*She*）就有驚人的相似，在伯努瓦被指控抄襲時，他回答自己從未看過萊德・海格德的書，也不知道這本書的存在。如果它不是集體表徵（*représentations collectives*）的產物，它就是潛抑記憶的一個例子。列維—布呂爾用集體表徵這個概念來表示原始社會的特徵。我會在後文裡討論此點。[4]

我對無意識的說明會使讀者對潛意識材料有基本概念，那是夢的象徵自發產生的基礎。很顯然這些材料之所以處於無意識狀態是因為意識內容失去了它們的能量，也就是說，失去了注意力的關注，或失去了特殊的情緒基調，以便為新內容挪出空間。如果它們還保有活力，它們就會超出閾限，我們便無法將之擺脫。意識好比投影機，會投射（注意力或興趣的）光線在新的感知——因為它一下就到了——也會把光線投射在處於休眠狀態的過往感知痕跡上。作為一種意識行動，這個過程可理解為某種有意圖的自願行為。然而意識很常被強烈的外在或內在刺激強迫轉向，進而將光線投射在其他地方。

這種觀察並非多餘，因為很多人高估了意志力的角色，看不起意圖之外的心理活動。但為了理解心理學，我們應當學著謹慎區辨**意圖與非意圖的內容**。前者源於自我人格，後者則源於不屬於自我認同的其他面向，也就是說，源於自我的潛意識部分，他的「另一面」，亦即另一個主體。另一個主體的存在絕不是一種精神病症狀，而是一個正常現象，可在任何時間與任何地點觀察到。

我曾和某個同事討論過一名醫生，他做了一件我認為是「極其愚蠢」的事。這名醫生是我同事的朋友，此外，他和我的同事都共同信奉某種狂熱的信條。兩人都是禁酒主義者。同事衝動地回應我對他們的批評：「他當然是個笨蛋——」然後他突然打住，「我的意思是說，他是個很聰明的人。」我溫和地提醒他，他剛說了笨蛋兩個字，他很生氣地否認，因為他不會在一個沒有信仰的人面前批評自己的朋友。[5]這個人是評價很高的科學家，但他的右手不知道自己的左手在做什麼。這樣的人不適合學習心理學，事實上，他們也不會喜歡心理學。但這就是我們對待另一種聲音的方式：「我的意思不是這樣，我沒這麼說過。」最後就如尼采所說，記憶就會退讓。

---

4 譯註2。請參見第5章。

5 譯註3。這位沒有信仰的人指的就是榮格。

3．夢的語言

所有意識裡的內容都已經或可能會變成潛意識，從而構成我們稱為無意識的心靈領域。所有的欲望、衝動、意圖、情感，所有的感知與直覺，所有理性與非理性的想法、結論、歸納、演繹、前提等，連同各種情感，都有相應的潛意識部分存在，它們可能會受部分的、暫時的或持續的無意識所影響。舉例來說，我們使用一個字或一個概念，而它可能會連結到我們當時沒有覺察到的不同意義，這也許會造成荒謬或甚至災難性的誤解。縱然我們很確定定義之內放不下其他東西——即使是最謹慎定義的哲學或數學概念，它的意涵仍然多過我們原先的假定。它至少是個心理事件，因此，它的本質實際上是不可知的。你用來計算的數字也有你所不知道的含義，它們同時也具有神話的性質（對畢達哥拉斯學派[1]來說，它們甚至是神聖的）。但你出於實際目的而使用數字時，肯定不曉得這件事。

例如「國家」、「金錢」、「健康」、「社會」等詞語，它們經常具有它們原先未被賦予的意義，這一點我們也不曉得。我們假定它們應該是某種意思，但在現實中，它們會有各種細微的意義。我並不是故意用共產黨人的方式在扭曲這些概念，而是在說明，人與人之間會以輕微不同的程度來對它們進行個人的理解。造成這種變化的原因是我們都會以個人的脈絡來理解和使用這些概念。只要概念和詞語一致，這些變化就很難察覺，因為那在實際上並不重要。但當需要對它進行精確的定義和謹慎的解釋時，我們就會發現驚人的變化，那不僅會發生在對術語的智性理解上，也特別容易發生在它的情緒調性與應用之中。通常這些變化是潛意識的，所以從來沒人知道這些事。

我們可能會認為這些細節的差異太過多餘，或者過於挑剔，但它們的存在卻說明了，即使最平凡的意識內容都會有不確定性的殘影曖昧地環繞在側，它使我們認為這些內容都無疑帶有潛意識電荷（charge）。雖然這一點在日常生活中無關緊要，但在我們分析夢的時候，仍需將它牢記。我想起一個曾經困惑我一段時間的夢。在這夢中，有一個X先生拚命地想繞到我身後，跳到我背上。我不認識這位先生，除了他曾成功扭曲過我說的話，把話中原意做了很大的歪曲。這類事情在我的專業生涯中很常發生，而我卻從未想去瞭解自己是否會因此生氣。對人們來說，控制情緒雖然重要，夢卻再次把事情點明，用明顯的口吻指出我的「偽裝」。這句話在日常用語中是這麼說的，「你可以爬到我的背上」，它的意思是「我才不鳥你說了什麼。」

我們可以這麼說，這個夢的意象是象徵性的，因為它沒直接把事情說出來，而是繞了一個彎，藉由口語化的隱喻把它具象化，因此我第一眼沒認出來。既然我沒有理由相信無意識有掩蓋事情的意圖，我就得小心，不要投射這樣的機制在無意識的活動上。夢的特質是偏向圖像與形象化的語言，而非單調和理智的陳述。這肯定不是刻意隱瞞，它只是要強調我們無法瞭解夢裡充滿情緒的圖像語言。

為了適應現實，日常生活要求精確的陳述，因此我們學會拋棄了幻想的修飾，因而也喪失了原始心智的特質。原始思維在看待客體時並非如實視之，客體旁邊都有聯想所做的修飾，但這對文明

1 譯註1。畢達哥拉斯學派是古希臘時代以研究數學為名的教派。對古人來說，所有的事物都是神聖的，天體是如此，數學也是如此。因此不意外地，研究數學的畢達哥拉斯學派也從數字中見到了神聖的秩序，並建立起特有的宇宙觀，他們的宗教與哲學見解也構成了西洋神祕學的基礎之一。

人來說已經意識不太到了。因此動物、植物以及無生命的物體都有白種人猜想不到的屬性在內。對原始人來說，如果夜行性動物在白天被看見，那牠就會被視為巫醫暫時的化身；或者被視為醫師動物（doctor-animal）[2]、動物祖先，或者某人的灌木靈魂。一棵樹也可能是某人生命的一部分，它有靈魂也有聲音，人與它共享同個命運，諸如此類。某些南美第地安人會向你保證，他們是紅鸚鵡。雖然他們很清楚自己沒有羽毛，看起來也不像鳥。在原始人的世界裡，事物之間並沒有清楚的界線，這點跟我們不同。我們所稱的心靈認同或**神祕參與**已經從我們的世界裡剝除了。正是這個光暈，或者如威廉・詹姆斯（William James）[3]說的「意識邊緣處」給了原始人世界一個繽紛與奇幻的特點。我們已經喪失了這項特點，即使遇見它也認不得，且因無法理解而困惑。這些事物對我們來說都在意識閾限以下存在，偶爾當它們出現時，我們就會認為出事了。

曾經不止一次，有高學歷人士或聰明的人來向我諮詢，因為他們做了特別的夢，出現了不由自主的幻想或幻象，這讓他們震驚和害怕。他們認為，心智正常的人不會遇到這種現象，而出現這種幻象的人肯定有精神病。我認識一位神學家，他曾坦率地承認，以西結（Ezekiel）的異象[4]是疾病的症狀，而當摩西與其他先知聽見「聲音」時，他們其實正受幻覺所苦。因此當這類自發性現象出現在他身上時，他很自然地陷入了恐慌。我們已經很習慣這個世界的理智表象，因此很難想像如果在常識理解的範圍內有什麼不幸的事發生，那該怎麼辦？如果我們的心智發生了意想不到的事，我們就會飽受驚嚇，並立即聯想自己是不是有精神障礙。但原始人卻會想到妖怪、靈魂或神明，他們不會懷疑自己是不是有毛病。現代人的情況就好比一個本身是精神病患的老醫師。當我問他過得怎麼樣時，他會回答他有一個美好的夜晚，並用氯化汞把天堂消毒過一遍，但沒找到上帝的蹤跡。我們找到的不是上帝，而是神經症或更糟糕的東西，對上帝的畏懼已經轉化成恐懼症或焦慮症。情緒還是沒變，只是對象的名稱與本質變得更糟。

我記得有一位哲學和心理學教授曾向我諮詢他對癌症的恐懼症。他為自己罹患惡性腫瘤的強迫性想法所苦，儘管照了一堆X光片都沒找到任何跡象。「噢！我知道什麼事也沒發生，」他會這麼說，「但仍有**可能**發生什麼事。」比起一個自認被鬼纏身的原始人，這樣的表白對一位知識分子來說肯定更丟臉。邪靈在原始社會至少是普遍被接受的假設，但對文明人來說，要承認自己只是愚蠢想像的受害者，這實在是個可怕的經驗。強迫症的原始現象並未消失，它跟以前一樣，只是用一種不同且更令人討厭的方式給重新解讀了。

許多夢的意象與聯想和原始人的理念、神話與儀式相當接近。佛洛伊德將這些夢意象稱為「遠古殘跡」(archaic remnants)。這個詞意味著它們是很久以前所留下的心靈元素，且依舊被現代人的心靈給繼承下來。這個觀點構成了對無意識的普遍輕視，把它視為是意識的附加物，或者激進一點來

2 譯註2。意指可以為人帶來療癒的神奇動物。

3 譯註3。威廉．詹姆斯（1842～1910）是美國著名的心理學家與哲學家，被稱為美國心理學之父，關切的面向包含意識流與宗教，跟後來許多迴避探討宗教議題的心理學家相比，我認為威廉．詹姆斯不僅深富原創性，而且極具勇氣。

4 譯註4。以西結是《舊約聖經》中的先知，根據經典記載，以西結與其他猶太人在被擄去巴比倫之後，他在空中見到了包含天使基路伯、四活物以及上帝的戰車等異象，他從此成為先知，將上帝的話語傳遞給族人，預言列國的命運與以色列的未來，是聖經啟示文學的重要作品。讀者可進一步參見《以西結書》。

說，是用來收集被意識心智所拒絕之物的垃圾桶，包含所有被丟棄的、無用的、沒價值的、遺忘的以及壓抑的東西。

這樣的觀點最近已經被拋棄了，因為進一步的研究指出，這類意象與聯想其實是無意識的正常結構，且四處可見，無論在高學歷者或文盲的夢裡，在聰明人與笨蛋身上都可發現。它們絕不是死去的或無意義的「殘跡」，相反地，它們持續運作，而且正因為其「歷史性的」本質而有重要價值。它們像語言那樣扮演著橋梁的角色，介於我們有意識地表達個人想法，以及更原始、繽紛與圖像的表達形式之間，它們是一種能直接吸引感受與情緒的語言。這樣的語言需要從其「文化」形式（它們在此處毫無影響力）轉譯成中肯好理解的形式。舉例來說，有個女士以其愚蠢的偏見和頑固的言論著名，醫生徒勞地想為她提升洞察力。他說：「我親愛的女士，妳的觀點確實非常有趣而且原創。但妳瞧，很不幸地，有許多人都不明白妳的假設，也欠缺妳那樣的耐心。難道妳不能……」等等。他所做的無異於對牛彈琴。夢卻採用另一種不同的方式。她夢見自己受邀參加一場盛大的社交聚會，女主人（一個很聰明的女人）在門口接待她時這麼說：「哦！妳能來真是太好了！妳的朋友們已經到了，他們都在等妳呢！」她被帶去某個門口，打開門之後，那位女士才發現自己進入了一座牛棚。

這是一種更具體、也更激烈的語言，即使對蠢蛋來說也是簡單易懂。雖然那位女士不會承認這個夢的重點，但回家一段時間後她也只能接受，因為她無法不去看見夢對自己開的玩笑。

無意識的訊息比多數人認為的還重要。因為意識暴露在各種外在誘惑與分心的狀況中，它很容易被帶走，並被引誘到不適合當事人的路上。夢的正常功能就是藉由補充或補償性的內容來平衡受擾亂的心智。若是夢見了令人眩暈的高處、氣球、飛機、飛翔與降落，這經常是因為意識有著自欺欺人、高估自己、不切實際及浮誇的計畫等特質。如果不去注意夢的警告，就會出現真正的意外，例如絆倒、跌下樓梯、車禍等。我記得有一個案例是某人捲入了一連串不能見光的事難以脱身。他因此對危險的登山活動發展出近乎病態的熱情來作為補償：他想試著「超越自己」。在一個夢裡，他看見自己從山巔步入高空。當他告訴我這個夢時，我很快就看到他正面臨的危險，我盡我所能地嚴正警告，並説服他自我約束。我甚至告訴他夢已經預告他會死於山難，卻徒勞無功。六個月後，他「踏了空」。登山嚮導看見他和一名年輕朋友垂繩降落到一處危險的地方。他朋友在山壁上找到了臨時的踏腳處，做夢者也跟著他下去。突然間他放開了繩索「彷彿他正踩在空中一樣」，後來嚮導這麼説。他跌在朋友身上，兩人都墜崖而死。

另一個典型的案例是一名自負的女性，她活在卓越和嚴格的幻想中。但她被自己的夢嚇到了，夢讓她想起各種難看難聞的東西。當我指出夢的意涵時，她憤怒地拒絕承認。夢因此變得更具威脅性，她夢見自己孤獨地在小鎮附近的樹林裡長程散步，耽溺於靈魂的沉思。我見到了危險並堅持警告她，但她不肯聽。一週之後，一個性變態殘暴地攻擊她，在緊要時刻，她被聽見尖叫聲的人們給救下，很顯然她祕密地渴望著這類冒險，並願意付出被打斷兩根肋骨，及喉嚨軟骨碎裂的代價，就像那名登山者一樣，至少這讓他們找到一個能脱離困境的確定方法，這使他們感到滿足。

夢在特定情況真的發生之前的很長一段時間，就會開始做出準備、宣告或警告。這不一定是一種奇蹟或預言。多數危機或危險情況都有很長的醞釀期，只是意識心智沒有覺察到。夢也會出賣我們的祕密。它們常這麼做，只是通常看不太出來。因此，我們假設有一隻慈愛的手會及時制止我們，但這點頗令人懷疑。或者正向一點來說，似乎有個慈愛的機制存在，它有時會運作，但其他時候不會。神祕的手指甚至能指向毀滅，人們不應對夢過於天真。夢並不完全源於人類的靈魂，它更像是自然的氣息，而自然是一位美麗慷慨卻又殘忍的女神。如果我們想描繪這個靈魂的特性，我們最好轉向古老的神話與原始森林的傳說。文明是最昂貴的歷程，為了獲得它，我們付出巨大的代價，損失的程度我們多已遺忘或從未意識到。

藉由努力瞭解夢境，我們熟悉了威廉・詹姆斯對「意識的邊緣」的合適說法。如果善加研究就會發現，這些看似多餘且不受歡迎的附屬物，它們幾乎是意識內容的隱密根源，亦即它們的潛意識面向。它們構成了心靈材料，必須被視為無意識與意識內容的中介物，或者橫跨意識與心靈的終極生理學基礎的橋樑。這座橋樑的重要性絕不會被高估。它是意識的理性世界與本能世界之間必不可少的連結。我們的意識越受偏見、幻想、嬰兒時期的願望，以及外在客體的引誘所影響，業已存在的鴻溝就會越大，造成神經症式的解離，並使人遠離健康的直覺、天性與真理，帶來虛假的生活。夢能藉由表達無意識狀態的意象與情緒來重建平衡，因為我們很難透過理智的討論來恢復原始狀態，這太平淡且單調了。但就如我舉的例子，夢的語言能提供可以吸引深層心靈的意象。我們甚至可以說夢的詮釋豐富了意識，使它能重新學習已經遺忘的本能的語言。

本能若在生理衝動的範圍內，感官就能知覺到它，同時也能將本能以幻想的形式顯現出來。但如果它們在感官所知覺的範圍之外，就只能以意象來呈現。然而，絕大多數的本能現象都包含了意象，它們的本質多數是象徵性的，無法立即瞭解其意涵。我們發現，它們多數處於薄暮之中，位於模糊的意識與夢的無意識背景之間。有時夢非常重要，它的訊息會直抵意識，不論那有多不舒服或令人震驚。一般從心智平衡與生理健康的角度來說，意識與無意識最好能彼此相連，並在相同的行伍中移動，而非使它們相互分離。從這點來說，製造象徵可被視為最具價值的心理功能。

我們很自然地想去問，如果象徵沒有引起注意或它被證明是無法瞭解的，那這個功能的意義又是什麼？但意識對象徵的不瞭解，並不意味著夢毫無效果。哪怕是文明人偶爾也會發現，就算程度輕微，他記不起來的夢也會影響情緒好壞。夢可以在某種程度上被潛意識所「瞭解」，多數時候這就是它們運作的方式。只有當夢變得令人敬畏，或一再重複，才需要進行詮釋以及意識的理解。但在病患身上，詮釋是必要的，除非另有禁忌，否則應該為他解夢，例如，他可能有潛在的精神疾病，正等待一個適當的機會爆發。我不建議進行蠢笨與無能的解夢，尤其是不建議在狹隘的意識與「瘋狂的」無意識處於分裂狀態時進行。

因為意識內容的種類無限且偏離了理想的中間道路，無意識的補償也同樣多變，所以我們很難說夢與它的象徵能否分類。儘管夢與偶然的象徵——這裡最好把它稱為母題（motifs）——很典型且經常出現，但多數的夢還是個別且非典型的。典型的母題是下墜、飛翔、被危險的動物或人追趕、在公共場合衣不蔽體或穿得很可笑、趕時間或在擁擠的人群裡迷路、拿沒用的武器作戰或毫無防備、奔跑但哪裡也去不了，諸如此類。典型的嬰兒主題是夢到變得無限小或無限大，或從一個人變成另一個人。

一個值得注意的現象是重複發生的夢。有些夢是從童年時開始一直到長大。這類夢通常是為了補償意識態度的某種缺失，或者源於某個創傷時刻，或者預告著將在未來發生的重要事件。我自己做過母題重複多次的夢，連續出現了好幾年。我夢到我的房子有一處我不知道的廂房。有時夢見的是我父母的住處，但他們很久前就去世了，令我驚訝的是，我爸爸在那裡有一間實驗室，他在那裡研究魚的比較解剖學，而我媽在那裡經營一間旅社，招待來訪的鬼魂。廂房或獨立的客房通常是有數百年歷史的建築物，雖是我家祖產，但早已遭到遺忘。裡面的老家具都很有意思，而在這一系列重複夢境的結尾，是我發現了一間老圖書室，那裡的書我都沒見過。終於我在最後一個夢裡打開了那古老的卷宗，並發現書裡充斥著最令人驚奇的象徵性圖片。當我醒來後，我的心情異常激動。

在做這個夢之前，我從國外的古書商那裡訂了一本拉丁文的煉金術經典著作，因為我偶然發現了一段引文，並認為它可能與早期的拜占庭煉金術有關，我希望能加以驗證。在做完夢的幾週之後，一個裝有16世紀羊皮卷宗的包裹寄了過來，書裡有許多迷人的象徵性圖片。它立刻使我回想到我夢裡的圖書室。因為我是重新發現煉金術意義的心理學先驅，這件事是構成我生涯的重要元素，因此關於未知廂房這個母題，就可以輕易被理解成它正預告著我全新的興趣與研究領域。無論如何，從三十年前那個時刻起，這個重複的夢境就消失了。

象徵和夢一樣，都是自然的產物，但象徵不只發生在夢裡。它們也會出現在各種心靈的表達中：包括象徵性的想法與感受、象徵性的行為與情境，且不僅只是無意識，甚至無生命的物品看起來也常會在象徵結構的安排中一起出現。有許多已被證實過的故事指出，時鐘會停在主人死去的時刻，例如腓特烈大帝在無憂宮（Sans Souci）裡的擺鐘；或者在危機發生前或發生時鏡子破裂了，抑或煮沸的咖啡壺爆炸等等。即便有懷疑論者否認這些報告的真實性，這類故事卻一再出現並被講述，這是它們具有心理重要性的顯著證據，即使有無知者否認這些事實。

然而，最重要的象徵，就其本質與起源來說並不是個人的，而是集體的。它們會在宗教裡被發現。信眾認為它們有神聖的起源——它們是被啟示的。而懷疑論者則認為它們是被刻意發明的。但雙方都錯了。某方面來說這是真的，這樣的象徵幾個世紀以來都是被仔細且完全有意識地加以詮釋和區分的對象，就像教義的情況一樣。但從另一方面來看，它們是**集體的表徵**，源於模糊與遙遠的年代，只有從它們源於夢境與創造性幻想的意象這個角度來談，它們才會是「啟示」。後者是非自願的、自發性的顯現，絕不是主觀及有意的創造。

從來沒有哪個天才會坐下來拿起筆或畫筆說：「現在我要開始創造象徵了。」沒人能用剛剛好的理智思維來獲得邏輯的結論或深思過的選擇，然後再把它假裝成是「象徵的」幻化。無論這陷阱看起來有多吸引人，它仍舊是一個指向意識的**符號**（sign），不是象徵。符號總是少於它指向的事物，而象徵總是多於我們第一眼所能瞭解的一切。因此我們絕不會只停留在符號，而是奔向它所指的目標；但我們會停留在象徵上，因為它應允的比它揭露的還多。

如果夢的內容和性理論一致，那我們早就知道夢的本質了，但如果夢的內容是象徵性的，至少我們可以知道自己還沒完全瞭解它們。**象徵不會偽裝，它會隨著時間顯現**。如果你認為夢是象徵性的，那麼你在詮釋夢時很顯然會放棄單一的結論；但你若認為夢的本質思想只是一種偽裝，而你已經知道它的原則，那你就會得出完全不同的結論。後者在釋夢時毫無意義，因為你只會找到你已經知道的東西。因此我常告誡我的學生：「要盡可能學習象徵的意義，但在分析夢時要把所學都忘記。」這個建議在實務上很重要，我將它視為一條準則，那就是承認我對夢的理解不夠，永遠無法正確解釋。我這麼做是為了制止我個人的聯想與反應，因為這可能會壓過病人的不確定與猶豫，讓他們不敢表達。對分析師來說，盡可能獲取夢的正確訊息對治療而言相當重要，徹底探索夢意象的脈絡更是關鍵。當我和佛洛伊德共事期間，我曾做過的一個夢可以非常清楚地說明這一點。

我夢見我在「我的房子」裡，顯然是在一樓，一間舒適、愉快的客廳，裡頭的裝飾是18世紀的風格。我相當驚訝，因為我知道先前根本沒見過這個房間，並且想要知道地下室長什麼模樣。我走下樓，發現那裡非常暗，牆上鑲著壁板，厚重的家具可能源於16世紀或更早期。我大為震驚，好奇心不斷堆疊，因為這是很意外的發現。為了更熟悉整間房子的結構，我認為應當走下地窖。我找到一扇門，有一段石梯，下通一間很大的地窖房。地板是由大石板鋪成，我對古老的牆壁印象深刻，我仔細檢查了砂漿，發現裡頭摻有磚屑。很顯然這是一道古羅馬的磚牆。我開始變得興奮。我在角落見到有塊石板鑲了一個鐵環。我把它拉起來，看見另一道狹窄的樓梯通向下方的洞穴，那裡顯然有一座史前的墳墓。裡頭有兩塊頭骨，一些骨頭，和陶器的碎片。然後我就醒了。

如果佛洛伊德採用我探索背景的方法來分析這個夢，他就會聽見一個影響深遠的故事。但我很擔心他會否認這個夢的意義，只把它視為我對某個問題的逃避，而這問題其實是源於他自己。[5]這夢事實上是我一生的簡短總結——我的心理生活。我在一間有兩百年歷史的房子裡長大，裡頭的多數家具也都有百年的歷史，在精神上，我最大的探險是學習康德（Kant）和叔本華（Schopenhauer）。那時代最大的新聞是查爾斯．達爾文（Charles Darwin）的著作。不久之前，我還和我的雙親住在一個屬於中世紀的世界，這裡的世界與人類還由神聖的上帝與天命所主宰。這世界既古老又過時。在接觸過東方宗教和希臘哲學後，我的基督教信仰變得不那麼絕對。正是這個原因，地板才如此沉穩、黑暗，且明顯沒有人居住。

在我於解剖學院擔任助理時，我對比較解剖學與古生物學的專注使我後來對歷史產生了興趣。我沉迷於對骨頭與化石人類的研究，特別是被廣泛討論的尼安德塔人，以及杜布瓦（Dubois）所找到的，仍在爭議中的爪哇猿人。事實上，這才是我對這個夢的聯想。但我不敢對佛洛伊德提到頭骨、骨頭或者屍體的事，因為我知道他對這個主題不感興趣。他有一個奇怪的想法，認為我預料他會早死。他得出這個結論的原因是我對不萊梅主教座堂（Bleikeller）中發現的木乃伊屍體很感興趣，我們曾在1909年前往美國的旅程中一起造訪過那裡。[6]

因此我不太想把自己的想法說出來，因為從當時相處的經驗來看，我和佛洛伊德的思想觀點與背景之間已經出現了不可逾越的鴻溝。如果向他展示我的內在世界，我擔心會失去他的友誼，就我猜想，我的內在世界對他而言應該很古怪。因為我對自己的心理學還不十分肯定，我在「自由聯想」裡會不自覺地對他說謊，以免讓他知道我非常私人且完全不同的心靈構造，要對他坦白是一件很困難的任務。

我很快就明白，佛洛伊德所尋求的期待和我的很不相容。所以我小心地提到這些骨頭會讓我想到我的家庭成員，或許為了某些原因，我希望他們死去。這個說法得到了他的認可，但我並不滿意這個「虛假的」答案。

當我試著找一個合適的答案來回應佛洛伊德的問題時，突然產生一種直覺，那就是主觀因素在理解心理這件事中應當扮演什麼角色，我很困惑。那直覺淹沒了我，我唯一的想法只剩下該如何逃

5 譯註5。根據榮格在他處的說法，佛洛伊德聽後認為夢中的這兩塊頭骨是榮格的妻子和妻妹，可參閱：《分析心理學導論》第3講，註19，楓樹林出版，2023；或《榮格自傳：回憶．夢．省思》，張老師文化，2014。榮格此處的意思是，佛洛伊德和自己的妻妹有染，因此才會把兩塊頭骨看成榮格的妻子與妻妹，進而將他自己的個人議題投射在榮格身上。

6 原註1。關於進一步的細節，可參見我的《回憶．夢．省思》pp. 156ff. (London edn., pp. 152ff.)。譯者說明：此為英譯本頁碼。

離內心這個難以忍受的聲音，所以我採用最簡單的方法，就是說謊。這既不光彩，道德上也難以辯護，但若不這麼做，我就得冒著和佛洛伊德劇烈爭吵的風險，出於各種原因，我不想這麼做。

我的直覺是一種突然且無法預期的領悟，亦即我的夢指向了我自己、**我的**生命、**我的**世界及我全部的現實，而非由他人依自身理由與企圖或建立的理論架構。那不是佛洛伊德的夢，那是我的；我突然間明白了自己的夢是什麼意思。

我必須向讀者們道歉，得用這段冗長的故事來說明我因向佛洛伊德談論自己的夢而陷入的困境。但這是一個好例子，能用以說明人在進入釋夢過程時所遇見的困難。分析師與個案之間的個別差異會影響很多事。

在這個層次上，夢的分析更像是兩個人格的辯證過程，而非一門技術。如果它被當成技巧來使用，作為主體的個人，其特殊性就會被排除，而治療問題也會被簡化成一個單純的問題：誰才是主導？由於各種原因，我已經放棄了催眠療法，因為我不想把自己的意志施加在他人身上。我希望治療的歷程從病人自己的人格，而不是因為我的建議而發展起來，後者只會有短暫的效果。我希望保護並確保病人的尊嚴與自由，這樣他才能按自己的意願活出自己的生命。

佛洛伊德除了性以外沒有其他的興趣，這點我無法認同。性在人類動機中確實扮演了很大的角色，但在很多情況下，它其實比飢餓、權力的趨力、野心、狂熱、嫉妒、報復心或者對創造的熱望以及宗教精神還不重要。

我第一次意識到，在我們建構人類及其心靈的整體理論之前，我們應該更多地瞭解真實的人類（human being），而非**人類**（*Homo sapiens*）的抽象概念。

4．釋夢時的問題類型

在其他的科學分支裡，對客觀事物使用假設是很合理的程序。然而，心理學卻無法脫離兩個個體的關係，雙方都無法褪去他的主觀性或以任何方式免除自己的個性。他們可以同意彼此都用一個客觀的方法來處理特定的主題，但當討論的主題是他們整個人時，兩個主體就會產生對抗，也無法採取單方面的規則。只有雙方達成相互同意時，進展才有可能發生。只有與個體所屬的社會背景中的有效標準去比較，最終結果的客觀性才能建立，同時我們也要考量他自身的心理平衡或者「健全程度」才行。這並不意味著最終結果必須是個體的完全集體化，因為這是最不自然的情況。正好相反，一個健全且正常的社會是人們習慣相互反對的社會。在本能特質的領域外，一致性的同意反而相對罕見。分歧在社會中承擔著心理生活的媒介功能，但並不是目標；彼此同意也一樣重要。因為心理學基本上取決於平衡的對立極，除非反方也同意，否則就不能做出最終的判斷。這項特點之所以存在的理由是，人的心理是對「何為心靈」做出最終判斷的依據，沒有任何立足點能高於或超乎於它。我們所能想像的任何事都處於心理狀態內，也就是說，在意識表徵的狀態內。物理學最大的困難就是擺脫心理狀態的影響。

雖然個體是唯一的真實，但為心理狀態做出歸納也是必要的，才能對經驗性材料釐清或分類。因為單純想藉由描述個體來建構心理學理論或教授心理學，這顯然是不可能的。作為分類原則，我們可以選擇相似性或差異性，無論是結構上的、生理上的，還是心理上的，只要這些經驗與表現有普遍性就行。因為我們的目的主要是心理學，因此我們關注的是心理特質，也就是說，我們可以普遍和輕易地觀察到，有許多人是**外傾的**，而其他人則是**內傾的**。我們不需特別解釋這些術語，因為它們已經融入日常用語中了。

這是諸多歸納中我們可以選擇的一種，它也很適合我們的目的，夢是自然象徵的主要來源，而我們想做的，是對解夢的方法與角度加以說明。如我曾說的那樣，詮釋的歷程乃是兩個心靈的面對面，也就是分析師與被分析者，而非預設理論的應用。分析師的心靈具有許多個人特質，或許就和被分析者的一樣多。這些特質會造成偏見。我們不能因為分析師是個醫師，就假定他是一位擁有理論和相應技巧的超人。如果他認為自己的理論與技巧是絕對真理，能夠包含全部的心靈，那他就只是在想像中高人一等而已。因為這種假設十分可疑，他無法有真正的把握。他若採取這種假設，也就是在面對被分析者整個人時採取的是理論和技術（那也僅是假設而已），而非以他自己的整體生命來面對，那麼分析師就會在暗中受人質疑。只有他自己的整體生命才和被分析者的人格對等。心理學的經驗和知識不過是分析師的職業優勢，並不能使他免除這種緊張關係。他要受的考驗和被分析者一樣多。

因為對夢的系統性分析需要兩個心靈彼此面對面，雙方態度類型的異同會為過程帶來很大的差異。如果兩人的類型相同，他們就能愉快共事很長一段時間。但如果一方是外傾型，另一方是內傾型，他們的差異與爭執點就會馬上出現，尤其是當他們對自己的類型缺乏覺察，或者認為自己才是唯一正確的一方時。這種錯誤很容易發生，因為這一方的有價值就是另一方的無價值。一方若是選擇大眾觀點，另一方則會因為那是多數人的偏好而加以拒絕。佛洛伊德自己就把內傾型詮釋為個人病態地自我專注。然而內省與自知之明也可以是偉大的價值。

強調外部世界的外傾者，與重視個人內在處境的內傾者，雙方之間的微小差異在解夢時扮演了重要的角色，從一開始你就得記住，一個人珍視的，很可能是另一個人鄙視的；一個人的最高理想，很可能是另一個人反對的目標。越是理解類型差異的細節，這一點就會變得越發明顯。外傾與內傾是人類行為諸多特質中的兩種，但它們通常最明顯也最好辨認。舉例來說，如果我們研究外傾的人，很快會發現他們彼此間也有很多不同點，外傾只是一個表面的特質以及太過一般的標準，並不是什麼很大的特點。這也是為何我在很久以前就試著找到進一步的基本特質，以便在明顯趨近於無限變化的人類性格中找到某些秩序。

我曾驚訝地發現，有許多人從不使用他們的腦袋，能免則免，但他們並不愚蠢；也有同樣多的人顯然以一種極為愚笨的方式在使用他們的腦袋。我也驚訝地發現許多聰明又清醒的人竟然從未學著使用他們的感官。他們不用自己的眼睛看事情，不用自己的耳朵聽人說，也未曾注意自己碰過或吃過的東西。他們活著，卻未曾覺察到自己的身體。還有一些人似乎活在最奇怪的意識狀態下，他們視線所及，都是不會改變的最終狀態，世界與心靈都是靜止的，會永遠維持原樣。他們似乎沒有任何想像力，完全仰賴感官功能而活。他們的世界不存在機會與可能性，在他們的「今天」裡也不存在真正的「明天」。未來就只是過去的重複而已。

我在這邊想對讀者傳達的是，我在開始觀察我遇見的人們時所接收到的第一印象。我很快就明白，那些用腦袋生活的人是**思維**的人，他們以智性的官能來適應旁人與環境；而那些不思考卻同樣聰明的人們，是以**情感**（*feeling*）來尋求個人生活方式的人。此處要對「情感」一詞做點解釋。[1]舉例來說，有人會在談及「感覺」（sentiment，對應於法語的*sentiment*）時談到情感。但也有人把這個詞用在某種觀點的表達，例如白宮可能會這樣告訴大眾：「總統認為（feels）……」或者我們用它來表達某種直覺：「我有一種感覺（feeling）……」最後，情感也很常和感受（sensation）[2]相混淆。

我所指的情感和與它相對的思維（thinking）一樣，都是一種**價值判斷**（*judgement of value*）：喜歡或不喜歡、好或壞等等。這裡所定義的情感不是某種情緒或感受，這些詞傳達的是不由自主的無意識表達。我所指的情感，是在對特定情緒沒有任何明顯身體反應下所做的一種判斷。就像思維一樣，它是**理性**功能，而直覺（intuition），就像感官（sensation）一樣，是**非理性**功能。[3]因為直覺是一種「預感」，它不是意識的自願行為所帶來的結果，而是非自願的事件；它根據不同的外在或內在情境而產生，並非某種判斷行為。直覺更像是感官的知覺，它也是一種非理性的事件，因為它主要是源於身體外在或內在的刺激，而非心理因素所造成。

這四種功能類型對應著意識獲取定位的明顯手段。**感官**（或感官知覺）告訴你有東西在那裡；**思維**告訴你那是什麼；**情感**告訴你它是否討人喜歡；而**直覺**告訴你它從哪裡來，要往何處去。

還請讀者明白，這四種標準只是許多觀點中的四種，例如權力意志、氣質、想像力、記憶、道德、信仰等等。當中沒有什麼教條存在，也不會自詡為心理學的真理；但它們的基本性質使其成為合適的分類原則。若是不能提供定位的方法與實際的目的，那麼分類的價值就很低。當我需要解釋親子或夫妻等關係時，發現以類型來分類特別有幫助。它用來瞭解我們自身的偏見也很有益處。

因此，如果你想瞭解其他人的夢，你必須犧牲自己的偏好並克制個人的偏見，至少得暫時這麼做。這不容易也不舒服，因為那意味著某種道德努力，這可不是人人都會喜歡。但你若不願批評自己的立場，並承認它的侷限，就無法從你分析的對象那裡得到正確的資訊以及充分的領悟。正如你期待病人至少會願意聽從你的意見並嚴肅看待你的觀點，你的病人當然對你也有相同的權利。雖然這種關係對理解夢來說是必需的，但我們也要一再自我提醒，在治療的過程中，瞭解病人比滿足分析師的理論期待還重要。病人對分析師的阻抗並不一定是錯的，那更可能是某種「運作不順」的訊號。或許病人還不到可以理解你的分上，也或許你的詮釋並不合適。

我們在詮釋另一個人的夢時，尤其容易被一種近乎無敵的心理傾向給阻礙，那就是藉由**投射**來填補理解上的差距，也就是說，我們會認為自己的假設是對方的想法。但藉由建立夢意象的背景脈絡及排除理論假設，這樣的錯誤就可加以避免，但有一個假設不能排除在外，那就是：從某種角度來說，夢是合理的。

詮釋夢境沒有規則，更別說是定律了，儘管夢的一般目的看起來是為了**補償**。但至少補償可說是最有希望也最有益處的假設。有時明顯的夢會在一開始就展現其補償的特性。舉例來說，某個自

1 譯註1。榮格在心理類型中提出，心理功能可分為思維、情感、感官與直覺四類。但情感類型是他最受懷疑的一種，因此他總是會對該詞的用法與定義額外解釋。確實，情感一詞在中文裡也很容易引起誤會，以為指的是愛恨情仇或情緒化的態度。但在他的定義裡，情感是一種用以評價的理性功能，能感知到動態的意象。可參見：《分析心理學導論》（楓書坊，2023）。

2 譯註2。榮格也使用 sensation 這個詞來指他所謂的感官功能，此處的 sensation 指的主要是情感。作為專有名詞使用時，本書一律翻譯為感官。

3 譯註3。此處「非理性」的原文是 irrational，但榮格的意思指的主要是「非關」理性，而不是「不」理性。

我感覺良好且具道德優越感的病人夢到一個醉漢在路旁的水溝裡打滾。做夢者（在夢裡頭）說：「人竟然能如此墮落，太可怕了！」很明顯，夢正試著把他膨脹的自我消風。但還不僅如此，原來他還有個墮落的酒鬼弟弟，是家裡的敗家子。因此這個夢也顯示出，他的自負是為了補償他弟弟的自卑，而他弟弟的自卑也是他自己的。

還有一個案例是這樣，某位女士為自己心理學的優異能力而自豪，她經常夢到一個自己偶爾會在社交場合中遇見的女性。在現實生活中，她並不喜歡後者，覺得她虛榮、不忠，而且是個心機鬼。她很疑惑，自己怎麼會夢見一個這麼不像自己的人，但在夢裡，她們兩人友好又親密，就像姐妹一樣。這個夢很顯然想傳達這個訊息，那就是她的無意識性格被遮蔽了，事實上她的個性和這名自己討厭的女性非常雷同。因為她對自己的看法太過絕對，所以她意識不到自身的權力情結以及隱蔽的動機。這些情結和動機不止一次讓她把遇見的討厭處境歸因給他人，從沒想過自己在無意識中也是共謀。

不僅是陰影面會遭忽略、輕視與壓抑，正向的特質也很容易遭受同樣的對待。有個例子是，一名外表看來謹慎、低調的迷人男士，總是禮讓、謙和，每次都很有禮貌地挑選後排的位子坐，但他從不錯過任何出席活動的機會。他的判斷力遠近馳名、能力強、鑑賞力佳，但此事相當程度上也暗示著他的態度過分謙遜。他常在夢裡遇見像拿破崙及亞歷山大大帝那樣的偉人。很顯然，他明顯的自卑情結得由這樣的重要人物來補償，但同時夢也提出了關鍵的問題：如果我夢見的都是這類人物，那我自己是誰呢？由此觀點而言，夢境顯示出，做夢者以隱蔽的自大狂傾向來作為他自卑情結的處方。在他的無知中，偉大的意念使他能對周遭環境的影響免疫，什麼也無法刺穿他的防衛，他也因此得以逃避被他人束縛的義務。他毫不覺得他有義務向自己或同儕證明他卓越的判斷力有著相應的事實基礎。他不僅單身，精神上也同樣缺乏創造力。他只曉得對他人暗示和低語自己的重要性，卻沒有任何偉業可以見證他的功績。他無意識地玩著這個愚蠢的遊戲，而夢則以一種奇怪的矛盾方式使他明白：命運會引領擁有意願的人，也會拖行那些沒有意願的人。與拿破崙過從甚密或者與亞歷山大對話正好就是一個有自卑情結的人想做的事，是對隱居幕後的偉大特質的認可。這是真正的如願以償，期待成功卻不需要相應的努力。但人們可能會問，為何夢不能公開直接地表達呢？為何不能清楚地說出來而是使用可能會誤導人的狡猾方式呢？

我很常被問到這個問題，我也問過我自己。我常對夢的誘人方式感到驚訝，它似乎會迴避精確定義或者省略關鍵因素。佛洛伊德認為這當中存在著一個特別因素，他稱為「審查」(censor)，他認為那會扭曲夢的意象，使它們變得難以辨認或誤導人們，以便欺騙做夢中的意識，使其無法發現夢的真正主題：也就是衝突的願望。藉由對關鍵點的隱藏，他假設做夢者的睡眠就會受到保護，免受不愉快回憶的驚擾。但夢是睡眠守護者的假設不太可靠，因為夢確實很常干擾睡眠。

看來似乎不是無意識的審查，而是意識或做夢者對待意識的方式對潛意識內容造成了遮蔽的效果。潛意識對應著皮埃爾．讓內所說的心智水準降低(*abaissement du niveau mental*)。[4]它的意思是能

4 譯註4。心智水準降低係指：因為意識強度降低，而伴隨的專注力及注意力喪失的現象。在此狀態下，某些不知情的心理內容可能會從無意識中浮現出來。榮格認為，這是自發性心靈現象的先決條件。可參見：《榮格心理學辭典》(楓樹林，2022)。

量張力的降低使心理內容沒入意識閾限之下，因此失去了它們原先在意識狀態中的特質。它們失去了明確與清晰，關係也變得模糊相似而非理性易懂。這是在所有跟做夢類似的情境下都能觀察到的現象，無論是疲勞、發燒或中毒。但一旦能量的張力增加，它們就不再處於潛意識，而是變得更明確，也更能被覺察到。我們沒有理由相信**心智水準降低**會屏蔽矛盾的願望，雖然有時矛盾的願望會隨著意識的消失而消失。夢在本質上是一個潛意識的過程，無法產生明確的想法，除非它突然變成意識的內容而使夢被中止。夢無法處理對意識心靈特別重要的事物，它只能全部跳過。夢只能顯示「意識的邊緣」，好比全日蝕時所出現的昏暗星光。

夢的象徵很大程度上是心靈的表達，那不受意識所控制。意義與目的並非意識心靈的特權，它們在整個生命本質中運作。生理與心理的構造並無原則上的差異。正如植物會開花，心靈也會創造象徵。每個夢都是這個創造過程的證據。然而，藉由夢、直覺、衝動與其他自發性的現象，本能力量會影響意識的活動度。無論那樣的影響是好是壞，都與無意識的實際內容有關。如果它有太多應該意識化的東西，那它的功能就會扭曲並錯待，動機的出現就不會基於真正的直覺，而是源於壓抑或忽略。它們在某種程度上覆蓋了正常的無意識心靈，扭曲了天生的象徵生成功能。

因此對於注重干擾因素的心理治療來說，它通常始於讓病人主動承認所有他不喜歡的、羞愧的或害怕的事物。這就像是教會以前的懺悔，在很多層面來說它都先於當代的心理學技巧。但在實務上，這個程序通常是反過來的，因為過度的自卑感或嚴重的脆弱會使病人很難面對深層的黑暗與無價值感。我常發現，先給病人一個正向的前景會對他們比較有幫助，因為在他獲得痛苦與微小的領悟之前，他必須有個能夠站立的基礎。

舉一個「自我膨脹」的夢當簡單的例子，某個人夢見他和英國女王一起喝茶，或和教宗私交甚篤。如果做夢者沒有思覺失調，那對象徵的詮釋就很仰賴他的意識狀態。如果他顯然認為自己很偉大，那就得給他消消風，但如果他像隻蟲子一樣被過重的自卑感給壓垮，那再降低他的自我價值就太殘忍了。在前者的案例中，還原療法就很合適，[5]而且藉由聯想的材料來展現做夢者不適當與幼稚的意圖也很容易，此外，聯想法也能指出做夢者有著想要和父母平起平坐或超越他們的嬰兒期願望。但在後者的例子中，全面的無價值感已經貶抑了每個正面特點的價值，向做夢者指出他們有多幼稚、荒謬或異常，對他而言都十分不合適。這樣的方式只會增加他的自卑，也會讓他對治療產生敵對和不必要的阻抗。

普遍適用的治療技巧或綱領並不存在，因為每個前來尋求治療的案例都是處於特殊情況的個體。我記得我曾治療一名病人長達九年。我每年只能見他幾週，因為他住在國外。從一開始我就知道他真正的問題是什麼，但我也知道，我若想讓他接近真相會遇到多大的反彈和防衛，那會使我們之間的關係完全破裂。無論我喜不喜歡，都得盡我所能地維持雙方的和諧關係，遵從他的喜好，從夢裡找東西支持他，儘管這會讓討論遠離核心問題，而這些問題從各方面來看都應該要討論。我們

5 譯註5。原文為 reductive method，榮格用此語來指稱佛洛伊德的治療法，雖然他對此法多有批評，但榮格也承認此法在某些情況下是很重要的。榮格主要採用的方法為合成法（synthetic method），是一種目的論的觀點。但事實上，兩者並未截然二分，許多時候還原法並不那麼粗糙，合成法也很難永遠精緻。可參見：《榮格心理學辭典》（楓樹林，2022）。

離題太遠，因此我常責怪自己不應把病人帶離方向，但他的狀況緩慢且清楚地好轉，因此我才能不用殘忍的方式使他面對真相。

但在第十年的時候，病人卻說他已經治癒，所有的症狀都消失了。因為從理論上來說他不可能好轉，所以我很驚訝並打算質疑他的說法。他注意到我的震驚，因此微笑對我說：「我要特別感謝你無窮的圓融與耐心，協助我規避造成神經症的痛苦原因。我現在已經準備好告訴你關於它的每件事。如果可以，我在第一次來諮詢時就想告訴你了。但那樣就會破壞我們之間的和諧，那時我又該怎麼辦呢？我會道德破產，也會喪失腳下的基礎，無處站立。這些年來我已學會了信任你，隨著我信心的增長，我的情況也有所改善。我之所以改善，是因為恢復了我的信念，現在我已經夠堅強，可以討論摧毀我的問題了。」

接著他做了驚人又坦率的自白，讓我明白我們的治療何以會有這麼獨特的過程。因為原本的震撼過於巨大，他無法獨自承受，需要我們兩人共同面對。而那就是治療的任務，它不是為了證實理論的假設而存在。

從這類案例身上我學到跟從患者身上已經呈現出來的素材與性格，而非使自己堅持可能不適用於個別案例的理論。這六十年來對人性知識的累積教會我，要把每個案例都當成全新的經驗，我必須為他尋求獨特的治療方法。有時我會毫不猶豫地埋頭研究當事人的嬰兒期事件與幻想，有時我會從上往下，即使這意味著得遨翔到最難解的形上學迷霧中也是如此。這全取決於我是否能學習病人的語言，並跟從他無意識的探索，直到光明。有些人適合這種做法，有些人則適合另一種。這就是個體之間存在的差異。

這對詮釋象徵來說更是如此。假設兩個不同的人做了同一個夢，一個年輕，另一個年長，困擾他們的問題也會出現差別，如果用同樣的方式對他們解夢就太荒謬了。我想到的一個例子是：一群年輕人騎馬穿越一處廣闊的原野。做夢者一馬當先跳過一條水溝，恰好越過，但其他人全跌進了水溝裡。告訴我這個夢的年輕人是個謹慎內向的人，害怕冒險。但同樣做了這個夢的老人則大膽無畏，過著主動進取的生活。在做此夢期間，他正在生病，但不肯認真休養，給他的醫師與護士造成很多麻煩，他的不服從與躁動傷害了自己。很顯然，這個夢對年輕人說的是他應該去做什麼，對老人說的是他此刻仍在做什麼。夢鼓勵那位猶豫的年輕人奮發，勸誡那位老人不要為冒險跳過水溝而開心，那躁動難安的冒險精神正是他最大的麻煩。

這個例子顯示出，對夢與象徵的詮釋很大程度上取決於做夢者的個別性格。象徵不是只有一種意義，而是有許多種，而且經常包含成對的兩極在內，舉例來說，晨星（the morning star）就是基督的著名象徵，但同時它也象徵著惡魔（路西法 Lucifer）。獅子的象徵也是如此。正確的解讀取決於象徵所處的脈絡，也就是對意象的聯想，同時也取決於做夢者實際的心智狀態。

5．夢的象徵之原型

我們提出的假設是，夢具有**補償**的目的，它的範圍非常廣泛。那意味著我們相信夢是一種正常的心理現象，會將無意識的反應或自發性的衝動傳遞給意識心智。因為只有少數的夢具有明顯的補償功能，因此我們必須特別留心夢的象徵性語言。學習這種語言幾乎就是一門科學。如我們所見，它有無限多的個別表達方式。做夢者若能協助提供聯想的材料，或者夢意象的背景，這些夢就能被解讀，因為我們能由此看見環繞在夢境周邊的每個面向。這個方法已證實對所有一般的夢境有效，例如那些親戚、朋友或病人在閒聊時對你說的夢。但若是太不尋常的夢，例如不停想起或反覆做的夢，或者有強烈情緒的夢，做夢者的個人聯想就不足以提供令人滿意的詮釋。在這類案例中，我們必須考量佛洛伊德所觀察和提出的論點，亦即夢中經常出現不屬於個人，也並非從個人經驗延伸而來的元素。它們就是佛洛伊德所稱的「遠古殘跡」，其思想形式（thought-forms）[1]無法以個人自身的生命來解讀，那似乎是老早就有的、天生的、由人類心靈中繼承而來的模式。

就如人的身體是器官的博物館那樣有著漫長的演化史，因此我們應該設想心靈也是用類似的方式組織而成，它不是一個沒有歷史的產物。我說的「歷史」指的不是心智藉由意識傳統（語言等等）塑造自己的過程，而是從遠古人類在生物的、史前的以及無意識的發展中得來，遠古人類的心靈在當時仍然和動物相當接近。這個極為古老的心靈構成了我們心智的基礎，正如我們的身體建立在一般哺乳動物的解剖學基礎之上一樣。在形態學專家的眼裡，他們會認出原始構造的痕跡。同樣地，有經驗的心靈研究者也會看到夢意象與原始心智產物之間的相似性，它的**集體表徵**，或神話學母題。但正如形態學家需要比較解剖學一樣，心理學家也需要「比較心靈解剖學」的幫助。他一方面必須對夢及其他無意識的產物有充分的經驗，另一方面也要對廣義的神話有足夠的理解。如果他對這兩種知識的理解不夠，他甚至會分不出強迫症、思覺失調、歇斯底里或傳統的邪靈附體之間的居別。

我把「遠古殘跡」稱為「原型」(archetype)[2]或「原始意象」(primordial images)，我的觀點經常被人批評，而他們對夢的心理學與神話學都缺乏充分的知識。「原型」這個詞常被誤解，以為它指的是某個特定的神話意象或母題。但那不過是意識的表徵，認為那麼多變的表徵可以遺傳實在很荒謬。正好相反，原型是人類心智的遺傳**傾向**，它能形成神話母題的表徵，儘管表徵變化萬端卻不會失去它們的基本形式。例如，有許多敵對手足的母題，其表徵就有許多變化，但母題依舊不變。這種遺傳的傾向就是本能，就像鳥類的築巢與遷徙這類本能那樣。我們發現這些**集體表徵**隨處可見，表現出相同或相似的母題。它們不屬於任何特定時代、地區或種族。它們沒有已知的源頭，即使在排除了移民的傳播因素之後，它們仍舊可以自我複製。

批評我的人也錯誤地認為，我所說的原型指的是「遺傳的想法」，他們在此基礎上否定了原型的概念，認為那只是迷信。但若原型是源於我們意識心智的概念或由意識學習所產生，我們就一定能瞭解它們，而不是在原型出現於意識時被它震驚或迷惑。我還記得許多被自己或孩子的夢所困惑

1 譯註1。榮格用此語來指稱原型，參見下文。
2 原註1。從希臘文 *archē* 與 *tupos* 而來，前者意指「起源」，後者的意思是「痕跡、銘印」。

的人都曾向我諮詢過。原因是夢包含了無法追溯至任何記憶所能及的意象，他們也無法解釋自己的孩子從哪裡得來這種奇怪及無法理解的想法。這些人都受過很高的教育，有些人自己就是精神科醫師。其中一位是教授，他突然看見了異象，認為自己瘋了。他在一個完全恐慌的狀態下跑來找我。我只是從書架上拿出一本有四百年歷史的古書，讓他看一幅能解釋其異象的古老版畫。「你不用覺得自己瘋了。」我告訴他。「他們四百年前就完全瞭解你看見的異象了。」然後他像洩了氣的皮球那樣坐下，但再次恢復了正常。

我尤其記得一名男性的案例，他自己是一位精神科醫師，他帶一本手寫的小冊子來給我，那是他十歲女兒送給他的耶誕禮物。裡頭是一系列她在八歲時所做的完整夢境，那是我見過最詭異的夢境，因此我完全明白她父親為何會對這些夢這麼困惑。雖然夢看來很天真，卻有一點怪異，裡頭的意象源於她父親完全不理解的事物。下面是從夢裡摘出來的重要母題。[3]

1. 「壞動物」：一條像蛇的怪獸，長了許多角，牠殺死和呑掉了其他動物。但上帝從四個角落出現，以四位神明現身，並復活了所有動物。
2. 升入天堂，異教徒正在那裡跳舞慶祝；墮入地獄，天使在那裡行善。
3. 一大群小動物嚇壞了做夢者。動物長得很大，其中一隻呑掉了她。
4. 一隻小老鼠被一群蟲、蛇、魚和人類刺穿身體。然後老鼠變成了人。這是人類起源的四個階段。
5. 透過顯微鏡觀察一滴水：裡面充滿了樹枝。這是世界的起源。

6. 帶著一團泥的壞男孩。他將泥丟向路人，他們也一起變壞了。
7. 喝醉的女人跌進了水裡，卻神采奕奕地醒著走出來。
8. 在美國有許多人滾進了螞蟻窩，被螞蟻攻擊。做夢者驚慌之下跌進了河裡。
9. 做夢者在月球的沙漠裡，她深陷地表之下，一直來到地獄。
10. 她碰了一顆在異象中發光的球。蒸汽從裡頭散出。接著一個男人走近殺了她。
11. 她病得很重。突然間有鳥兒從她的皮膚裡飛出，並覆蓋她全身。
12. 成群的小蟲子遮住了太陽、月亮、星星，除了一顆跌在做夢者身上的星星之外。

在未刪節的德文原稿裡，每個夢都以童話的語言開始：「從前從前……」小女孩的用字說明了她感覺每個夢對她而言都是一則童話，她想當成耶誕禮物說給自己的爸爸聽。她的父親無法解釋夢境的內容，因為裡頭似乎沒有與個人的關聯。確實，這類兒童的夢看起來很常「只是故事」，很少或幾乎沒有任何自發性的關聯。這些夢也沒有意識編造的可能性，只要是瞭解這孩子性格的人，就能證實她說的是實話。然而，即使這些童話是清醒狀態下的幻想，要瞭解它們也是很大的挑戰。她的父親相信那是真的，而我也沒有懷疑的理由。我自己認識這名小女孩，但這是在她把夢交給她父親之前的事，而我也沒有機會親自問她問題，因為她住的地方離瑞士很遠，並在耶誕節之後一年就染病去世了。

3 原註2。〔對此案例的其他分析，可參見Jacobi, *Complex/Archetype/Symbol* (1959), Part II. —EDITORS〕

這些夢確實有獨特之處，因為它們的主要思想在某種程度上像是哲學問題。舉例來說，第一個夢說的是一隻邪惡的怪物殺死了所有動物，但上帝卻藉由復原的方式使牠們復活，在西方世界，這樣的觀念是因基督教的傳統而被人熟知。這在《使徒行傳》第3章第21節中可以發現：「(基督)天必留他，等到萬物復興的時候……」早期教會的希臘教父(例如俄利根[Origen])尤其強調這樣的觀念，在末日來臨時，每件事都會被救世主恢復到原初以及完美的狀態。根據《馬太福音》第17章第11節，古老的猶太傳統曾經提到「以利亞(Elijah)固然先來，並要復興萬事。」《哥林多前書》第15章第22節，也提到同樣的觀念：「在亞當裡眾人都死了；照樣，在基督裡眾人也都要復活。」

有人可能會認為，這個小女孩曾在她的宗教教育裡面接觸過這類思想。但她對此幾乎一無所知，因為她的父母(新教徒)是那種從人云亦云中理解《聖經》的人，這類人在我們那時代很普遍。尤其是**復原**(*apocatastasis*)這個概念更不可能向她解釋過，也不會是她感興趣的事。不管怎樣，她的爸爸完全不懂這個神話觀念。

這12個夢之中，有九個與毀滅及恢復這個主題有關。我們在《哥林多前書》第15章第22節也發現了一樣的關聯，亞當與基督，也就是死亡與重生，兩者被連結在一起。然而，沒有任何一個夢顯示出有特別受到基督教教育或其影響力的表層痕跡。相反地，它們與原始傳說有更多的關聯性。這點可由其他的母題所證實——亦即出現在第四與第五個夢的創造世界與人類的宇宙起源神話。

基督作為救世主的觀念是普世性的，是前基督教時期關於英雄與拯救者的母題，這類英雄與拯救者被怪物吞噬後，又以神奇的方式再度出現，征服惡龍或鯨魚或任何吞了他的東西。沒人知道這類主題是如何、何時以及在何處產生的。我們甚至不知道要如何好好研究這個問題。我們唯一確定的是，每個世代的人都會發現它是一個古老的傳統，正如我們所見。因此我們可以認為這個母題「源於」人類還不知道他擁有一個英雄神話的時代——在那個時代，人類還不曉得有意識地反思自己所說的話。英雄人物是典型的意象，一種原型，從無始以來就已存在。

原型意象自發性產物出現在個人身上的最佳證據就是小孩，他們還活在一個傳統知識無法直接影響他們的環境，這點我們可以充分肯定。我們這位小女孩所生活的環境雖然熟悉基督教傳統，但非常淺薄。基督教的痕跡可由以下的夢中觀念來代表，例如上帝、天使、天堂、地獄以及惡魔，但它們出現的方式卻指向了一個完全不屬於基督教的傳統。

讓我們看看第一個夢，上帝是四個神明，從「四個角落」出現。什麼東西的角落？夢裡沒有提及任何房間。甚至房間出現在這夢中的畫面也很不合適，因為夢顯然是一個宇宙事件，由宇宙性的存在親自干預。四位一體本身也是個奇怪的觀念，但它在東方宗教與哲學中扮演重要角色。在基督教傳統中，它被三位一體所取代，我們必須假設這小女孩知道這個概念。但一個在中產階級的環境中長大的孩子怎麼可能知道神聖的四位一體？它曾在中世紀的赫密斯哲學圈裡短暫流行過，但它在18世紀初就漸漸消失了，並在最近這兩百年裡給完全淘汰。那麼，這個小女孩又是從哪裡獲得這個觀念的呢？從以西結的異象？但在基督教的教導裡，並未把四位熾天使當成上帝。[4]

4 譯註2。以西結在異象中看見了四位智天使（cherub，又譯基路伯），但並未見到上帝的真面目。作為一個凡人，他只能見到上帝所乘坐的戰車，祂是不可知、不可見的。參見《以西結書》。但榮格此處用的詞語是熾天使（seraphim，又譯撒拉弗），出於《以賽亞書》，應屬誤記，但並不影響全文。

同樣的問題也適用於長角的蛇，《聖經》裡確實有許多長角的動物，《啟示錄》（第13章）就是個例子。但牠們似乎是四足動物，雖然牠們的頭領是隻龍，而希臘文的龍（*drakon*）指的是蛇。長角的蛇在拉丁文的煉金術中寫成 *quadricornutus serpens*（四角蛇），牠是墨丘利的象徵，也是基督教三位一體的敵人。但這是一份很隱晦的參考資料，就我所知，僅有一位作者提到它。5

在第二個夢裡出現的母題無疑與基督教無關，其價值觀是基督教的相反。天堂中的人在跳異教徒的舞蹈，以及地獄中的天使在行善。這如果有什麼意涵，那就是道德價值的相對化。這孩子是從哪裡找到如此革命性以及現代性的觀念的呢？這完全配得上尼采的天才。這種觀念在東方的哲學心靈中並不奇怪，但在這孩子的生活環境中我們找不到，它又藏在這個八歲女孩心裡的什麼地方呢？

這個問題引出了另一個問題：這些夢的補償意義是什麼？這個小女孩顯然覺得它很重要，所以才會將它當成耶誕禮物送給自己的父親。

如果做夢者是一名原始人的巫醫，我們就可假定他們在死亡、復活、復原或世界的起源、人類的誕生，以及價值觀的相對性（例如老子：高下相傾）等哲學議題中的觀點是相似的。如果我們試著從個人的角度來詮釋這些夢，就會因為感到無望而放棄。但就如我所說的，它們無疑包含了**集體表徵**，其教誨和教給原始部落年輕人進入成年期的啟蒙儀式也很類似。在這種時候，他們會學習到上帝、諸神或者「創世」動物的事蹟，世界跟人類是如何創造出來的，世界末日會是什麼樣子，以及死亡的意義等等。而在我們的基督教文明中，類似的指引又是在何時進行的呢？在青春期開始的時候。許多人會在老年期接近死亡時，開始再次思考這個問題。

我們的做夢者，這個小女孩，十分符合這兩種情況，因為她即將進入青春期，同時也接近生命的終點。在這些夢的象徵中，只有很少或幾乎沒有任何內容指向正常成人生活的開端，反倒是有多處提及了毀滅與復原。當我第一次讀到這些夢時，我有一種不祥的預感，它們像是預告著災難。我之所以這麼覺得，是因為我從象徵中推論出了補償的特有性質，它與這個年齡的女孩應該有的意識相反。這些夢對生與死打開了一個嶄新而可怕的視野，就如我們可能會在一個回顧一生的人身上所看到的那樣，而不是出現在一個期望生命正常延續的人身上。夢境的氛圍讓人想起一句古羅馬的諺語：「人生如夢」，而非使人想到青春時光的愉悅與熱情。對這個孩子來說，生命是春天獻祭的誓言。我的經驗指出，當未知的死亡臨近時，就會對將死之人的生命與夢境投下一個預告性的陰影。即使是基督教教堂裡的祭壇，它也一方面代表著墳墓，同時代表著重生之處——將死亡轉化為永恆的生命。

這就是那些夢要讓小女孩明白的事。它們是對死亡的預備，藉由這些小故事來表達，就像原始人啟蒙儀式的指引，或禪宗的**公案**。這些指引不像正統的基督教義，更像是原始人的思想。它似乎是源於歷史傳統之外，它源於母體，打從史前時代開始，它就滋養著哲學與宗教對生與死的思索。

在這女孩身上，就好像未來要發生的事情藉由喚醒思想的形式，預先投下了它們的陰影，雖然它們通常處於休眠狀態，但它註定會描述或伴隨某個致命議題的到來。它們隨處可見，而且時時存在。儘管它們表現出來的具體形式因人而異，但它們通常的模式都是集體的，就像動物的本能會因

5 原註3。〔Gerard Dorn, of Frankfurt, a 17th-century physician and alchemist.〕

不同物種而有很大的差異，但它們都為相同的目的服務。我們並不假定每種剛出生的動物都會創造出自己的本能（as an individal acguisition），我們也不能假設，每個新出生的人類都會發明與創造出特有的人類反應模式。就像本能那樣，人類心智中的集體思想形式是天生而且承繼來的，當時機成熟時，它們會以相同的方式在我們身上運作。

情緒的表達都基於類似的模式，而且公認全球相同。我們甚至能懂得動物身上的情感，不同動物之間也能相互瞭解，即使牠們是不同的物種亦然。那又要怎麼解釋昆蟲之間複雜的共生功能呢？牠們之中的多數甚至不認識自己的父母，也沒人教過牠們。但我們為何會認為人類是唯一失去特定本能的生物？或者他的心靈沒有留下任何演化的痕跡？很自然地，如果你認為心靈就是意識，那麼很容易接受心靈就是**白板**的錯誤觀點，認為人剛出生的時候是完全空白，只會在日後納入由個人經驗所習得的事物。但心靈不僅只有意識。動物就沒有什麼意識，但有很多的衝動與反應，這表明牠們的心靈同樣存在。原始人也會做很多他們並不明白意義何在的事。你若是問現代人聖誕樹或復活節彩蛋的意義同樣會白費力氣，因為他們並不明白習俗的意義。事實上，他們在做這些事情的時候並不曉得這麼做的原因。我認為事情通常都是先被做了很久之後，才會有人開始思考它們的含義何在，接著才會發現自己這麼做的原因。心理治療師很常遇到聰明的病人，但除此之外，他們的舉止怪異，不曉得自己在說什麼或做什麼。我們會做一些自己完全不懂意涵的夢，即使如此，我們仍堅信這些夢有特定的含義，我們覺得它很重要或很恐怖，這是為什麼呢？

對這類事實的反覆觀察迫使我們必須假設無意識心靈的存在，它的內容幾乎與意識的內容一樣多變。我們知道意識在很大程度上得取決於無意識的合作。當你演講時，下一句要在你繼續說話前先準備好，但這個準備多數是無意識的。如果無意識不與你合作或截住了你下一句話，那你的演講就會卡住。你想引述一個人名或者平常很熟的術語，但什麼都想不起來。因為無意識沒把它送出來給你。你想介紹某個你很熟的人，但他的名字卻記不得了，彷彿你從來不認識他一樣。因此你得仰賴無意識的善意才行。無論何時，只要無意識選擇和你對抗，你原本良好的記憶力就會被它擊敗，或者嘴裡被放進你原先並不打算講的話。它會製造各種無法預料以及不可理喻的情緒與感情，因此造成各種困難或糾紛。

表面上看來，這種反應和衝動似乎是很一種私密的個人天性，因此常被認為是完全個人的事務。事實上，它們是基於預先形成的以及早已預備好的本能體系，有它自己的特徵以及可被普遍理解的思想形式、反射行為、態度以及姿態。早在內省性意識出現前，這個模式就在那裡了。我們甚至有理由相信，內省性意識其實源於強烈的情感衝擊及其帶來的災難性結果。就以野蠻人為例，他因抓不到魚而感到憤怒和沮喪的那一刻，掐死了他心愛的獨子，接著他陷入了無窮的悔恨，將兒子的屍體抱在懷中。這樣一個人有很大的機會將永遠記住這痛苦的一刻，而這可能就是內省性意識的開端。無論如何，類似情緒經驗所帶來的驚嚇常會使人醒覺，並開始留心自己在做的事。我要舉一個很有名的例子，也就是西班牙紳士雷蒙·呂勒（Ramón Llull）[6]，他在經過漫長的追求後，終於打

6 譯註3。雷蒙·呂勒是方濟各會會士，出生於西班牙，是計算理論的先驅、作家，也是一位神祕學家和殉道者。

動了愛慕的淑女，同意與他私下約會。她無聲地解開自己的上衣，向他露出被癌症給侵蝕的胸部。這份震驚改變了他的人生：他成為了聖人。

在這類突然轉變的案例中，我們可以證明原型已經在無意識運作了很長的時間，很有技巧地安排走向危機的環境。這個發展過程（例如一系列的夢）清楚地顯示，我們可以帶著合理的確定性預見災難，這種情況並不罕見。我們可以從這類經驗中總結，原型形式並不僅是靜止的樣式，而是能以自發性衝動彰顯自身的動力因子，就像本能所做的一樣。特定的夢、幻象或突然出現的想法，儘管仔細加以探究，我們也無法找出原因。這並不意味著它們沒有原因，它們肯定有原因，但原因太過遙遠或模糊，我們無法將它看清楚。我們必須等待，直到能充分瞭解夢和它的意義，或直到發生能解釋這個夢境的外在事件為止。

我們的意識思想所關注的，經常是自身的未來以及可能性，無意識和夢也是如此。長久以來，全世界都認為夢的主要功能就是預測未來。在古代，一直持續到中世紀，夢都在醫療診斷上扮演重要角色。2世紀的阿特米多魯斯（Artemidoros of Daldis）曾引述一個古老的夢，裡頭提到的預後或預知可以從一個現代的夢加以證實。他提到有個人夢見自己的父親死於家中的火災。不久之後，那個人死於蜂窩性組織炎（火、高燒），推測是肺炎。我有一名同事剛好就得了致命的高燒，事實上就是蜂窩性組織炎。他先前有一個病人，不知道醫師得了什麼病，卻夢見醫師被大火吞沒。這個夢發生在醫師死前三週，當時那位醫師剛住進醫院，病程也才剛開始。做夢者只知道醫師生病住院，其餘一無所知。

正如此例所示，夢也具有預示或預知的面向，解夢者務必將它列入考慮，尤其是有些明顯意味深長，但其脈絡卻難以理解的夢更是如此。這種夢通常會意外出現，人們會狐疑是怎麼回事。當然，如果我們知道它最終指向的結果，原因就會清楚了。只有我們的意識搞不清楚，無意識卻似乎已經知情了，並預先將問題謹慎地檢視。如果意識知情，也會做出類似的處理。但正因為它們是潛意識的，因此只有無意識能察覺到，並做出某種檢視，預見其最終的結果。從我們所瞭解的夢來看，無意識的「思慮」是以本能的方式進行的，而非線性的理智思考。後者是意識的特點，它會根據理智和知識進行揀擇。但無意識主要是由本能主導，由相應的思想形式所代表，也就是原型。它的運作看起來更像是一位詩人，而不是理性的醫生，後者會談論感染、發燒、中毒等等。但夢卻把患病的身體描述成一個人的住處，而發燒則是大火的溫度，它會燒毀房子與裡面的居住者。

就如此夢所言，原型心靈處理問題的方式和阿特米多魯斯的時代是一樣的。無意識本能會對未知情境所掌握到的本質進行原型性的處理。這清楚地說明了，原型心靈會自動接手預測的任務，跟意識所進行的**論證**方式不同。原型有自己的主動性以及自身的特別能量，這使它們不只能產生有意義的詮釋（以自己的方式），也能以衝動和思想形式對預定的情境干預。從這點來看，它們運作的方式跟情結相似，同樣在日常生活中享有特定的自主性。它們隨意願自主來去，常曾用令人尷尬的方式干預我們意識的意圖。

當我們經驗到伴隨原型而來的聖祕性（numinosity）時，就能覺知到原型的特定能量，它會散發某種魅力或魔力。這也是個人情結的特徵，其行為可與原型的**集體表徵**無時無刻不在社會生活中所扮演的角色相比。就如個人情結有著個人的歷史，原型特徵的社會情結也是如此。然而個人情結只會產生個人偏誤，原型卻會創造神話、宗教，以及哲學觀念，為整個國家與時代留下它們的印記。

也好比個人情結的產品可被理解為對意識片面性或錯誤態度的補償，宗教性質的神話也可被詮釋為對人類苦難的心靈治療，例如饑荒、戰爭、疾病、年老與死亡。

舉例來說，普世的英雄神話就展現出強者或神人征服邪惡的畫面，例如惡龍、大蛇、怪物、惡魔及各種敵人，英雄會從毀滅與死亡之中拯救他的族人。對神聖文本與儀式的講述或儀式性的重複，以及用舞蹈、音樂、頌讚、祈禱與犧牲等行為表達對這類人物的讚揚。這些都會以聖祕的情緒經驗控制住觀眾，並抬升參與者的心境，使他們能對英雄產生認同。如果我們從信眾的角度來思考這樣的情況，就能瞭解一個尋常的人類是如何被影響，並從無能與悲慘中被解放，然後又抬升到一個近乎超人的狀態，至少在那段時間是如此，甚至在很長一段時間內他都會被這種確信感支持。這類儀式會產生持久的印象，甚至會創造出一種態度，為社會的生活賦予特定的形式與風格。我想舉埃萊夫西斯密教[7]為例，它後來在7世紀初受到壓制。他們與德爾菲神諭共同構成了古希臘精神的本質。從更大的角度來說，基督教時代應該將其名聲與影響力歸功於另一個古代的神話，也就是根植於古埃及的原型神話，亦即歐西里斯—荷魯斯的神人故事。[8]

如今有個共同的偏見認為，在模糊的史前時代，基本的神話觀點都是由聰明的年長哲學家或先知所「發明」出來的，而後再由耳根子軟與沒有批判力的人所「輕信」，因此熱中權力的神職人員們說的故事全然不是「真」的，不過只是「一廂情願」罷了。「發明」這個詞源於拉丁文裡的*invenire*，它的意思首先是「突然發生」或「發現」某種東西；其次是藉由**尋找**來發現某種東西。在後者的情況下，並不是偶然地發現或突然發生了什麼事，因為你對想要發現的東西得預先有一點感應或模糊的線索。

讓我們來思考那名小女孩夢裡的奇怪想法，她看起來不太像**尋找**過它們，因為她在發現時非常驚訝。對她來說，它們不過是奇怪又猜不透的故事，卻很有趣且值得記錄下來送給她的父親當成耶誕禮物。她的做法使這個行為提升到基督教密儀的領域，也就是我主的誕生，這樣的風俗至今猶存，混合著長青樹帶有新生之光的祕密。雖然有充分的歷史證據表明，基督與樹的象徵之間有著象徵性的聯繫，但小女孩的父母若是被問到，要怎麼解釋裝飾在樹上用來慶祝基督誕生的燃燒的蠟燭時，他們也會感到尷尬。「喔！那只是耶誕節的傳統！」他們可能會這麼說。要想嚴肅回答這個問題，就得要對古代近東地區垂死之神的象徵、它與大母神儀式的聯繫，及象徵大母神的樹等問題，寫出一份影響深遠的學術論文才行，而這還只是這個複雜問題中的面向之一。

我們越是深究**集體表徵**的起源，或以基督教的語言來說，是教義的起源，我們就越會揭開一個近乎無限的原型模式之網，在現代以前，我們從未思考過這個問題。然而很矛盾的是，我們現在卻比過去任何一個時代都更瞭解神話的象徵。實際上，在過去的時代，人們是**活在**象徵裡的，而不是

---

7 譯註4。埃萊夫西斯密教在古典時期雅典有舉足輕重的地位，它雖然沒有教義與哲學傳世　但其儀式卻是希臘及其鄰近地區相當重要的信仰，持續了20世紀之久，從西元前1500年一直持續到西元392年被羅馬皇帝下令禁止為止。不論性別還是奴隸，只要沒犯過殺人罪，能說希臘語就可以參加。可參見呂健忠：《陰性追尋》，暖暖書屋，2013。

8 譯註5。歐西里斯（Osiris）是埃及神話中的統治者，太陽神拉（Ra）的曾孫，後來被自己的兄弟賽特（Set）害死，其子荷魯斯（Horus）長大後奪回王位，接替成為埃及國王，而父親歐西里斯則擔任陰間的統治者。

去思考他們的象徵。讓我用一個自身經驗來說明，我曾在東非的艾爾貢山和一群原住民相遇。每天清晨，他們都會離開茅屋，往自己的手裡吐氣或吐口水，然後將手伸向早晨的第一道陽光，像是在向升起之神，也就是向門古（*mungu*，這是史瓦西里語，他們用它來解釋這個儀式行為，源於玻里尼西亞的字根 *mana* 或 *mulungu*。這些詞彙以及類似的詞語有非常強大的**力量**，是一種遍及一切的本質，我們可將之稱為神性。因此 *mungu* 等同於他們的「阿拉」或「上帝」）獻出他們的氣息或口水。當我問他們這個行為的意思，以及做此行為的原因時，他們非常困惑。他們只會說：「我們一直都這麼做。當太陽升起的時候，我們都會這麼做。」他們對於太陽就是門古這個明顯的結論笑了起來。當太陽高於地平線時，太陽不是門古；門古是太陽升起的那一刻。

他們所做的事對我來說很明顯，但對他們而言不是如此。他們就只是這麼做，不會去反思自己在做什麼，因此也無法解釋這些行為。他們顯然只是重複**平常**在日出時做的事，這無疑也伴隨某種特定的情感，絕非機械化的行為，因為他們**活在**其中，而我們卻是**反思**行動。因此我知道他們是在向門古獻上自己的**靈魂**，因為（生命的）氣息與口水意味著「靈魂的本體」。向某物吐氣或吐口水會帶來一種**魔法的**效果，舉例來說，基督用口水治癒了盲人，或兒子吸入父親臨死前最後一口氣，以便接下父親的靈魂。自遙遠的過去以來，這些原住民全然不知道這些儀式的意義。相對而言，他們的祖先知道的可能更少，因為他們更加無意識，也很少思考他們的做法。

浮士德（Faust）說得好：「太初有行」（in the beginning was the deed）。行為絕不是發明來的，它們是實踐來的。另一方面，思考則是相對晚近的發明。它們是被發現的，接著才因尋求而被找著。然而，未被思索的生命其實早在人類出現以前就已存在；它不是被發明的，而是人們在它之中進行後思（afterthought）之後才發現了他自己。他先是被無意識的因子推著行動，要在很久之後他才開始思索那推動他的原因。但確實要到更久之後他才會產生這個可笑的想法，認為是他讓自己採取行動的——除了自己之外，他看不見心裡還有其他的驅動力。我們會覺得植物與動物發明了自己很可笑，卻有許多人相信心靈或心智發明了它自己，讓自己存在於世。事實上，心智會成長為現在的意識狀態，就跟橡樹子長成橡樹，或者蜥蜴進化成哺乳類一樣。以前如此，現在還是，因此我們既被內在力量推動，也被外在力量所推動。

在神話時代，我們稱這些力量為**瑪那**（*mana*）、靈體、惡魔、諸神，而他們今日就跟從前一樣活躍。如果他們和我們願望相符，我們就將之稱為幸福的預感或衝動，給自己一點鼓勵，因為我們是個聰明人；如果他們和我們作對，我們就會說自己運氣不佳，或者有人害我們如此，不然一定是我生病了。人們拒絕承認自己會仰賴不受個人控制的「力量」。

文明人確實擁有特定總量的意志力，他可用來完成他想做的事。我們已經學會有效率地工作，不用依靠吟唱或擊鼓來催眠自己進入行動狀態。我們甚至不再藉由每日的祈禱來尋求神聖的助力。我們可以做想做的事，想法可以毫無障礙地轉成行動，這已是不證自明；但原始人每一步都會被懷疑、恐懼和迷信給阻礙。「有志者，事竟成」這句格言不僅是德國人的偏見，它更是現代人普遍的迷信。為了維持這樣的信念，現代人嚴重缺乏內省。他不願看見，無論自己多理性或多有效率，他都被個人以外的力量所掌控。諸神和惡魔並未完全消失，只是換了新的名字。他們讓現代人無休止奔走，心神不寧，內心混亂，渴求著各種毒品、酒精、菸草、飲食以及其他的醫衛體系——而上述的渴求往往伴隨各種精神疾病一起出現。

我曾遇過一個極端的案例，他是一位哲學及「心理學」教授——也就是那種不把無意識納入研究的心理學。他就是我先前提到的，那個認為自己得到癌症的男人，雖然X光向他證明那全是他自己的想像。是誰還是什麼東西讓他有這種想法的？它顯然源於對未知事物的恐懼。那恐懼突然出現在他身上，然後就待著不走。這類症狀特別頑固，且常妨礙病人接受適當的治療。如果你得了惡性腫瘤，心理治療又能幫你什麼忙呢？這種危險的疾病只能立即動手術。每次有新的權威向這位教授保證沒有癌症的痕跡，他就會感到如釋重負。但隔天他的懷疑就會再度現身騷擾，他會再一次陷入無盡恐懼的黑夜。

這種病態的念頭威力甚巨，他無法掌控。他的心理哲學觀見不到這一點，因為這個觀點認為，每件事都是由意識與感官知覺巧妙流動而來。這位教授承認自己的狀況是病理因素造成，但他的想法只能就此打住，因為那已經到了哲學與醫學的神聖交界處。一個研究的是正常的內容，另一個研究的則是異常的內容，後者對哲學家來說是未知的。

這種分隔的心理學[9]讓我想起另一個案例。一個酒鬼因為受到特定宗教運動的強烈影響，為其宗教熱情所迷，從而改掉了喝酒的習慣。他很明顯是被耶穌的奇蹟所拯救，因此被視為神聖恩典或宗教組織效能的見證。在公開懺悔幾週後，新鮮感開始消退，他似乎又需要酒精來振奮精神。但這一次，先前幫過他忙的宗教組織卻認為他的酒癮是一種「病態」，不適合由耶穌插手治療。所以他們將他送進醫院交給醫師，而不是交給神聖的治療者。

這就是現代「文化」心智的面向之一，很值得加以研究。因為它已展現出解離與心理混亂的驚人程度。我們只相信意識與自由意志，覺知不到那個能無限掌控我們的力量，而它就在我們能理智地自由選擇與自我控制的狹隘範圍之外。在這個普遍迷惘的時代，瞭解人類事務的真實狀態很是必要。它在很大程度上取決於個體的心理與道德品質，以及人類的心靈。我們若是想要以正確的角度來看事情，就需要瞭解人類的過去，一如瞭解人類的現在。這就是何以正確瞭解神話與象徵非常重要的緣故。

9 譯註6。意指研究意識的心理學。

6．宗教象徵的功能

雖然我們那已被文明化的意識和本能分離了，但本能並未消失；它們只是失去了與意識的接觸。它們因此被迫以間接的方式來自我肯定，也就是讓內所說的自動主義（automatism）[1]。在神經症的案例中，它們會以症狀的形式來呈現；而在一般人身上，則包含了像是沒來由的情緒、突然的遺忘或說錯話等行為。這類行為很清楚地顯示出了原型的**自主性**。人們很容易相信他是自己的主人，但只要我們控制不了自己的情緒和心情，或不能意識到無意識會用無數隱密的方式將它的安排與決定施加在我們身上，我們就肯定不是自己的主人。相反地，我們有太多理由相信它的不確定性，因此我們最好反覆檢視自己所做的事。

然而，儘管探訪良心相當必要，但它並不是一個受人歡迎的消遣，尤其是在我們這個時代，人類正被他自行製造的危機所威脅，致命的危險逐漸增加，並脫離了人類的掌控。如果我們把全體人類看成是單一個體，哪怕只有一下子，我們也會看見一個被無意識力量給控制住的人。他像個精神病人那樣解離，鐵幕標誌著他的分界線。西方人代表著至今都被認為有效的意識，他日益感受到來自東方侵略性意志的力量，因此被迫採取極端的防衛手段。但他沒看到那源於他自身的邪惡被良好的國際禮儀公開否認與掩蓋，然後被東方人不知羞恥且極有效率地丟回他自己的臉上。西方人祕密地忍受，並帶著羞愧沉迷其中的東西（外交謊言、欺騙、隱藏的威脅）已經公開且完整地返回了，它將我們牢牢綁著——這正是精神病患的模樣！在鐵幕另一頭怒視著我們的那張臉，正是我們的陰影。

這種狀態解釋了蔓延在整個西方意識中的特殊無望感。我們開始瞭解到，衝突實際上是道德與心理問題，而我們正試著尋找解答。我們越來越認識到核子威脅是極端且令人厭惡的答案，它使我們兩敗俱傷。我們知道，道德與心理解方更為有效，因為它們會對蔓延的感染提供心靈的免疫力。只要我們試著說服自己，在道德與哲學上唯一有錯的是**他們**，也就是我們的對手，那我們的努力都會被證明無效，而且還會持續如此。我們期望**他們**看見或瞭解他們錯在哪裡，而不是努力使我們認識自身的陰影及它惡毒的作為。如果我們能見到自己的陰影，我們就能對任何道德與心靈上的感染及影射免疫。但是只要我們做不到，就會讓自己暴露於各種感染的威脅，因為我們做的實際上和**他們**一樣，只是我們還多了其他的缺點，那就是我們既不願看也不願理解那些我們躲在彬彬有禮的外表下所做的事。

東方人有一個很偉大的神話——我們徒勞無功地將它稱為幻覺，並希望我們優越的判斷力能讓這個幻覺消失。這個神話是一個歷史悠久的原型之夢，關於黃金時代或者人間天堂。在那裡，每樣東西都能充分提供給每個人，又有一位偉大、公義且明智的領袖負責統管整個人類幼稚園。這個有力原型的幼稚形式對他們來說問題不大，但它不會因為我們自認優越的眼光而消失。我們甚至也用自己的幼稚在支持這個原型，因為西方的文明也被同樣的神話給控制。我們珍惜同樣的偏見、希望與期待。我們相信福利國家（Welfare State），相信世界和平、人人平等、天賦人權、正義與真理以及（但不是太明顯）上帝的王國將會降臨人世。

1 譯註1。皮埃爾．讓內（Pierre Janet）在1889年曾出版《潛意識行為：心理自動主義中的麻痺與心理解組》（*Subconscious Acts, Anesthesias and Psychological Disaggregation in Psychological Automatism*）兩卷，是研究創傷與解離最早的專著之一。十年後佛洛伊德才出版《夢的解析》，進一步提出無意識（unconscious）與夢的相關理論。

令人難過的真相是，人類的現實生活是由不可改變的對立極組成的——日與夜、幸福與痛苦、生與死、善與惡等等。我們甚至不確定哪一方將會戰勝另一方，例如善會勝過惡，或歡樂勝過痛苦。生命與世界是一個戰場，過去如此，未來也是一樣，否則存在的一切將會走入消亡。正因如此，高等宗教例如基督教，期待著世界末日來到，佛教實際上則是透過否定所有慾望來終止這個世界。這種明確的答案若不與組成這兩大宗教的特定道德觀念和實踐相聯繫，這無異於自殺。

我之所以提到這一點，是因為這個時代有無數人已對這兩個世界性的宗教失去了信心。他們不再理解這些宗教了。當生活平靜地運作，這樣的損失就無人注意。但當磨難到來時，情況很快就會改變。我們會開始尋求出路並反思生命的意義以及它令人混亂的經驗。根據統計，新教徒與猶太人尋求精神科諮詢的人比天主教徒還多，這點很重要。而這是可以預期的，因為天主教教會依舊覺得他們對治癒靈魂有責任。但在這個科學時代，精神病學家更容易遇到原本屬於神學領域的問題。人們覺得只要自己對生命的意義及上帝與永生有積極的信念，事情就會有所不同。死亡幽靈陰森地出現在他們面前，這通常會有力地刺激這類想法。從久遠的時代以來，人類就相信有至高存在（一位或多位）以及彼方的樂園。只有現代人覺得他自己不需要它們。因為他無法用望遠鏡或雷達發現上帝的王座，或確定親愛的天父或聖母還依舊保有肉身，他便假定他們不夠「真實」。我寧可說他們不夠「真實」。[2]他們從史前時代就陪伴著人類，至今只要最微小的刺激，他們仍可突破進入意識。

我們甚至會為失去這些信念而遺憾。因為這是不可見也不可知的事物（人類無從理解上帝，而永生也無法證實），為何我們要去尋找證據或真相？假設我們不知道或不理解食物裡頭的鹽有何用處，我們仍然能從中受益。即便我們假定鹽只是味蕾的幻覺或迷信，它對我們的健康依舊有益。那麼，為什麼我們又要剝奪那些在危機中給予我們幫助，能為我們的存在提供意義的有益觀點呢？我們又怎能肯定這些想法不是真的？如果我直白地說這些想法都是幻覺，那一定會有很多人同意我。他們不瞭解，這樣的否認也是一種**信仰**，就跟宗教觀點一樣無法證實。我們完全能自由選擇個人的立場，儘管它在任何情況下都是武斷的決定。但是，還有一個堅強的實際理由可以說明，為何我們應當保留我們不可能加以證實的信仰。這是因為人們知道它們是有用的。人類非常需要能給他的生命帶來意義的普遍觀念與信心，他才能找到自己在宇宙中的位置。當他深信它的合理時，就能挺過最艱鉅的困難。但若他得承認自己相信的只不過是「一個蠢蛋瞎扯的故事」，那他就會在經歷所有的不幸之後被壓垮。

宗教象徵的目的就是努力為人類的生命賦予意義。培布羅印第安人（Pueblo Indians）相信他們是太陽之父的兒子，這樣的信仰給予他們某種視角與目標，使其得以超越個人的有限存在。這大幅擴展了他們人格的空間，帶給他們無窮的安慰，這比起我們深信自己永遠只能在百貨公司的底層工作來得好。如果聖保羅深信他只不過是流浪的地毯編織工，他肯定不會成為現在的聖保羅。[3]他真正且有意義的生活在於：他確信自己是上帝的使者。你可以說他有妄想症，但在歷史的證詞以及世人

2 譯註2。榮格的意思是，他寧可說這些宗教觀念「不夠」真實，也不願說他們「並不」真實。

3 譯註3。聖保羅是奠定基督教發展最重要的人物，他在大馬士革時在異象中看見了耶穌，從此他由一名基督徒的迫害者成為了基督教堅定的支持者與組織者，在小亞細亞與歐洲建立了許多教會。

的一致同意之前，你的觀點黯然失色。那掌控他的神話使他成為了遠高於工匠的人物。

然而，由象徵所構成的神話並不是發明來的，而是自發出現的。並不是耶穌這個人創造了神人的神話，它在好幾世紀之前就出現了。他本人也被這個象徵性的概念所迷，就如聖馬可[4]告訴我們的那樣，這使他超越了木匠坊和其環境所帶來的狹隘心靈。神話可以追溯至原始社會裡的說書人[5]以及他們的夢，以及那些被其幻想擾動的人，他們的角色與後來的詩人及哲學家並沒有太大的不同。原始社會的說書人從不因為這些幻想從何而來而煩惱，倒是後來的人才開始思考這些故事的來源。在古希臘時代，他們足夠先進，早就推測這些關於眾神的故事其實源於古代國王誇大的事蹟。他們甚至認為，神話的意思不在表面，因為那顯然是不可能的。因此他們試著將它簡化成一個能普遍理解的故事。這正是我們這個時代試著對夢象徵所做的事，我們假設夢的意思不是表面說法，而是某種能普遍理解的內容，只是特質低劣而不被公開承認。對那些不相信傳統習俗的人來說，謎語已經消失了。似乎可以確定的是，夢意味著某種和內容很不相同的東西。

這種假設非常武斷。《塔木德》(Talmud)[6]說得很好：「夢詮釋了它自己。」為何夢要指涉夢境內容以外的東西呢？大自然中有任何東西不是它自己嗎？舉鴨嘴獸為例，這是動物學家也無法發明出來的怪獸，牠不正是牠自己？夢是正常且自然的現象，它就是它自己，它不是它所不是的東西。我們把它的內容稱為象徵性的，是因為它們顯然不只有一個意思，而是指向不同的方向，也一定會代表無意識的某種內容，或至少不會全是意識裡的東西。

對那種講求科學的人來說，這種把夢視為象徵性觀念的人最令人氣惱，因為它們的構造無法滿足我們的理智和邏輯。它們只是心理學遇見的麻煩之一而已。麻煩是從情感或情緒現象就已經開始了，心理學家的努力沒辦法將這些現象釘死在特定概念上。這兩種困難的起因都一樣——那就是無意識的干預。我很清楚科學的立場，我瞭解要處理無法完全掌握或怎樣也處理不來的事實，這樣的事有多令人厭惡。這兩種現象的麻煩是，事實難以否認，但又無法用理性的術語來描述它。除了能清楚辨認的特徵之外，它就是充滿了情緒與象徵性觀念的生命本身。在許多情況下，情緒與象徵事實上就是同一件事。沒有理智的公式能以滿意的方式來代表這種複雜的現象。

學院派的心理學家可以完全忽略情緒或無意識，但對醫學心理學家來說，他們依舊得充分關注這些事實，因為情緒衝突及無意識的干預正是這門學科裡的經典特徵。如果他要治療病人，就會面臨這種非理性——無論他能否理智地說明都是如此。他必須承認它們這個太過麻煩的存在。因此沒有相同經歷的人們會發現自己很難聽懂他在說什麼，這點是很正常的。當心理學不再追求使科學家能平靜地待在實驗室，而是成為一場真正的生活冒險時，任何無此機會，或未曾經歷過這種不幸，以及沒有相同或相似經驗的人，都很難理解發生了什麼事。特定射程的打靶練習與真正的戰場經歷相去甚遠，但醫生必須處理真實戰爭中發生的傷亡。因此他必須關注心靈現實，即使他無法以科學

4 譯註4。即《馬可福音》的作者，耶穌的七十門徒之一，後來建立了亞歷山大教會。

5 譯註5。原文為story-tellers，直譯為「說故事的人」，為求方便理解，故翻譯成說書人。事實上原始社會裡並沒有書的存在，特此說明。

6 譯註6：《塔木德》是猶太教的重要宗教文獻，記錄了猶太教的律法、條例和傳統。

術語來界定它們。他可以為之命名，但他知道這些用來代表生命本質的術語無法取代事實本身，它們必須被經驗，因為事實不會從名字產生。沒有教科書能教心理學，我們只能從實際經驗裡學習。只記住名詞帶來不了理解，因為象徵是生命中鮮活的事實。

舉例來說，基督教的十字架就是很有意思的象徵，它可以表達許多面向、思想及情緒，但在某人的名字前放上十字架只意味著那個人已經死了。[7]林伽（*lingam*）或陽具在印度教裡是個包含一切的象徵，但如果是街邊頑童畫在牆上的陰莖，那只意味著他對自己的陰莖感興趣。因為嬰兒期與青春期的幻想會持續到成人時期，許多夢境都包含明顯的性暗示。把它當成性以外的其他東西只會讓人感到荒謬。但當一個石匠提到和尚與尼姑躺在彼此身上，或者鎖匠提到了男性與女性的鑰匙，此時若是假定他還沉湎在青春期的幻想裡，那就太荒唐了。他指的意思是某種特殊的磚瓦或鑰匙，它們的名字很多樣化。但當某個有教養的印度人和你談論**林伽**的時候，你會聽到一些我們西方人永遠不會將其與陰莖聯繫在一起的事情。你甚至會發現你猜不透他用這個詞的實際意義是什麼，你會很自然地認為林伽**象徵**著很多東西。它絕對不是猥褻的暗示，十字架也不僅是死亡的符號，而是有著許多其他觀念的象徵。因此，夢象徵的意義很大程度上取決於產生這個意象的做夢者有多成熟。

夢與象徵的詮釋需要一點智慧。它不能機械化地進行，也不能被塞進愚笨和缺乏想像力的腦袋裡。它需要不斷瞭解做夢者的個體性，也需要釋夢者不斷深化自我覺察。這個領域內有經驗的工作者都會承認有某些規則是很有用的，但它們必須以審慎及聰慧的方式來進行。不是每個人都能精通這項**技巧**。你可能會在遵循所有正確規則及明顯安全的知識道路下，卻受阻於最令人震驚的胡言亂語中，而這僅是因為你輕忽了一個似乎不太重要的細節，但那是聰慧的人不會錯過的。即使是一個很聰明的人也可能在這裡大迷路，因為他從未學過運用自己的直覺或情感，因此這兩項心理功能的發展程度低得令人遺憾。

了解象徵的企圖不僅會讓你對抗象徵自身，也會使人對抗那產生象徵的個體完整性。如果我們能準備好面對這個挑戰，就有可能成功。但一般而言，我們有必要特別研究個體和他／她所處的文化背景。我們能從中學到很多東西，也能得到填補所學不足的機會。我為自己定了一條規矩，那就是要把每個案例都當成全新的命題，我甚至對此命題一無所知。如果我們只想觸及表面問題，那常規可能是有用的，也經常會有用；但只要我們想觸及核心問題，生命本身就會取代常規，甚至會取代最聰明的理論假設，使它們變成無用的文字。

這就使方法與技巧的傳授成為一個很大的問題。如我上文所言，學生必須學習許多專業知識。這會為他提供必要的工具庫，但最重要的事情是掌握這些工具，而這只能在學生經歷過一次分析，熟悉他自己的衝突之後才有可能。這對那些所謂正常卻缺乏想像力的人來說是很困難的任務。舉例來說，他們就是無法理解心理事件是自發出現的。這類人容易覺得無論發生任何事，那一定是當事人刻意為之，或者是因為生病導致，所以必須用吃藥或打針來治療。他們的例子表明了，愚蠢的正常人和精神病人有多接近，這樣的人也很容易罹患精神疾病。

在所有高級的科學中，想像力與直覺所扮演的角色都越來越重要，超過了智力及其應用。即使是像物理學，這門最嚴格的應用科學，也在很大程度上取決於直覺，它仰賴無意識歷程而運作，而

7 譯註7。榮格指的是墓碑。

非邏輯的推導，雖然事後藉由邏輯程序也可以得出相同的結果。

在詮釋象徵的過程中，直覺也必不可少，而它會使做夢者立刻接納這個詮釋。主觀上我們可能會信服這類幸運的直覺，但那其實相當危險，因為它會導致錯誤的安全感。它甚至會引誘詮釋者與做夢者進行十分淺薄的意見交換，最後導致某種共同的夢。如果我們只想滿足於粗淺朦朧的理解，那麼智性與道德知識的安全基礎就會淪喪。當我詢問人們對自己所謂的理由有何解釋時，他們通常無法回答。只有在我們能將直覺帶入真實知識及其與邏輯聯繫的安全基礎中時，才能理解並解讀夢境。一個誠實的研究者會坦承這在某些情況下做不到，但他若因為做不到就否認這件事，那也是不誠實的。即使科學家也是一個人，他自然也和其他人一樣，討厭那些他無法解釋的東西，因此他會認為我們今日所擁有的知識已代表知識的頂峰，從而使自己淪為普遍幻覺的犧牲者。沒有什麼東西比科學理論更脆弱和無常，它們只是工具，並不是永恆的真理。

7．療癒分裂

當醫學心理學家關注象徵時，他主要關注的，是如本能那樣的「自然」象徵，而非「文化」象徵。前者源於心靈的無意識內容，因此代表著基本原型母題的大量變化。在許多案例中，它們可被追溯至古老的根源，例如我們在古老文獻以及原始社會中所遇見的觀念與意象。從這方面來說，我想提醒讀者注意米爾恰．伊利亞德（Mircea Eliade）對薩滿教的研究，[1]我們可從中得到許多具啟發性的例證。

另一方面，「文化」象徵指的是表達出「永恆真理」，或至今仍被許多宗教所使用的象徵，它們經歷了許多轉化，甚至多少有些意識化的過程，因此成為文明社會的**集體表徵**。然而，它們還保留了大部分原本的聖祕性，並以正向或負向的「偏見」在運作，心理學家必須對它們嚴肅以對。

沒有人可以僅憑理智忽視這些聖祕性的因素。它們是我們心理組成與生命力量的重要成分，可用以建造人類社會，要想根除它們就得承受巨大的損失。當它們被壓抑或忽視時，其特殊能量便會消失於無意識中，帶來不可預期的後果。那消失的能量會重新甦醒，並強化無意識裡等級最高的內容——亦即各種傾向，迄今為止，它們可能沒有表達自己的機會，或者不被意識允許存在。它們形成了一種自始存在的破壞性「陰影」。當它被壓抑時，就連原本能帶來益處的傾向都可能會變成名副其實的惡魔。這就是許多善良的人會恐懼無意識的原因，甚至他們偶爾也會害怕心理學。

1 原註1。Shamanism: *Archaic Techniques of Ecstasy* (1964).

我們的時代已經證實，當心靈地獄的大門敞開時會發生什麽事。在我們這個世紀的前十年，處於田園牧歌中的無知人們無法想像會發生什麼罪行，而它將顛倒我們熟悉的世界。即使現在，世界也還是處於思覺失調的狀態。不僅是偉大的文明德國露出了它的原始本性，俄羅斯也是如此，非洲則陷入火海之中。難怪西方世界會感到不安，因為它不知道喧囂的地獄如何將它玩弄於股掌之間，而它又因為聖祕性的毀滅而失去了什麼。它嚴重地喪失了道德與精神價值。它的道德和精神價值已經崩塌了，還讓全世界陷入了迷惘與分裂。

早在很久之前的原始社會，我們就見過聖祕性消失會發生什麼事：它們喪失了社會組織的秩序，然後消失、衰亡。我們現在處於同樣的情況。我們失去了自己從未理解過的事物。我們的精神領袖不能免責，因為他們更熱中於保護現有的制度而非理解象徵所呈現的奧祕。信念不能排除思想（這是人類最有力量的武器），但很不幸，許多信徒非常害怕科學以及心理學，以至於他們閉眼不去看永恆掌控人類命運的聖祕心靈力量。我們已經剝去了所有事物的神祕性與聖祕性，再也沒有事物是神聖的了。

民眾及其領袖並不明白，無論我們將世界原則稱為男性與父親（精神），或是女性與母親（物質），兩者並無實質區別。本質上來說，我們對兩者都所知不多。自人類誕生以來，兩者都是聖祕的象徵，而它們的重要性都取決於它們的聖祕性，並非性別，或其他屬性。因為能量永不消失，當情緒能量從意識中消失時它也不會停止存在，它會在所有的聖祕現象中展現它自己。如我提過的那樣，它會在無意識的顯化中重新出現，也會在補償意識心靈的干擾時以象徵性的事件重現。我們的心靈因為道德與精神價值的喪失而受了嚴重的干擾，而這些價值迄今為止都在維持我們生活的秩序。我們的意識不再能整合那能支撐我們意識心靈活動的、共存的本能事件。這個歷程無法再用以前的方式發生，因為本能和無意識是具有輔助作用的機制，而我們的意識本身已從這項機制的同化作用中脫離。這些機制曾是聖祕的象徵，它們被公認是神聖的。

「物質實體」的概念已從大母神的聖祕內涵中脫離，不再能表達「大地之母」豐沛的情感意義。它只是一個智性的術語，如沙土般乾燥，且完全非人性。同樣地，「精神」也變得與「智力」同一，終結了萬物之父原先的意涵。它退化成人類的有限心智，「我們的天父」所表達出的巨大情感能量因此消失在智性沙漠的塵土裡。

由於過分仰賴科學的理解力，我們的世界已失去了人性。人們感覺自己孤立在宇宙中。他不再是自然的一分子，對自然事件也不再有情感的參與，而那曾對他有象徵的意義。雷鳴不再是上帝的聲音，閃電也不再是祂復仇的武器。河流不再有靈魂，樹木不再是人的生命，蛇不再是智慧的體現，高山也不再藏匿著惡魔。萬物不再向他說話，他也不再對萬物低語，包括石頭、泉水、植物與動物。他不再擁有灌木靈魂，而那能使他和野生動物同一。他與自然的即時交流已永遠消失，而由此產生的情感能量則沉入了無意識。

這種巨大的損失被我們夢中的象徵所補償。它會帶出我們原始的本性、本能以及獨特的思維。很遺憾的是，人們可能會說，象徵也在自然的語言中表達了自己的內容，那對我們而言既奇怪又難以理解。它賦予我們將意象轉譯成當代語言的任務，用語及概念都要符合理性。這才能把它從原始的障礙中釋放出來——尤其是它對萬物的神祕參與。如今，談論鬼魂或其他聖祕的人物不再與念咒召喚鬼神相同。我們不再相信魔法；禁忌和類似的禁制也所剩無幾，我們的世界似乎不再相信那些迷信的神靈，例如「女巫、術士以及惡靈」，更別說狼人、吸血鬼、灌木靈魂，以及所有其他居住於原始森林的詭異存在。

至少我們的世界表面上看來似乎已去除了所有迷信與非理性的混合物。然而，人真實的內在世界——我指的不是對這個世界所虛構出來的願望滿足[2]——是否已去除了原始性還是另一個問題。數字13對許多人來說還是個禁忌嗎？不是還有許多人深信那些奇怪的偏見、投射與幻覺嗎？人類心智的真實圖像揭露了許多原始的特質與遺存物，它們依舊活躍，就像過去五百年什麼都沒發生過一樣。今日人類的心理發展過程歷經了長久的年歲，其特徵是古怪的混合體。這就是人及其象徵所必須處理的問題，我們必須非常仔細地審視他的心理產物。懷疑論的觀點與科學的確信連同老舊的偏見、過時的思想與情感習慣、頑固的誤解以及盲目的無知都會一起在他的身上出現。

這就是產生象徵的人，而我們要研究的正是他們的夢。為了解釋象徵及其意義，去學習這些象徵是否仍和過去相同，或夢境從意識的知識庫中選擇它們是否有特殊意義，這些事情相當重要。舉例來說，如果我們要處理一個出現數字13的夢，問題就是：做夢者有相信數字本質會不吉利的習慣嗎？或者夢境僅是暗示那些仍舊相信這類迷信的人？詮釋會因答案而有很大的不同。在前者中，做夢者仍舊認為13很不吉利，因此認為待在13號房，或者跟13個人一起坐在同一張桌子很不舒服。在後者中，13可能只是一個責備或貶低的符號。在第一種情況裡，13依舊是一種聖祕的表現；而在第二種情況裡，13已脫離了它原本的情感意義，僅是某個無關緊要的訊息裡的無害屬性。

這說明了原型在實務經驗中出現的方式。在第一個案例中，它們是以原本的形式出現——它們同時是意象也是情感。只有在兩者同時出現時，我們才能說它是原型。如果出現的只有意象，那它就只是一張字圖，就是一個不帶電荷的微粒。它就只是一個字，並不是太重要。若這意象充滿了聖祕性，也就是心理能量的話，那意象就會變得很鮮明，也會帶來某種結果。只把原型當成一個名字、文字或者概念，是實務上在看待原型時很容易犯的錯。它的意義遠不僅如此：它是生命的一部分，是藉由情緒橋梁來連接個人生命的意象。文字本身只是抽象化的概念，是智性交易中可供交換的銅板。但原型卻是活生生的事物，它無法被無限交換，屬於活生生的個體經濟，無法分離，且不可為了不同目的而隨意使用。它無法用任何方式加以解釋，只能依特定的個人情況來說明。因此，以一個善良的基督徒為例，我們只能以基督教的方式對他解釋十字架的象徵，除非夢出現了很強烈的相反理由，但即使如此，也不能忽視基督教對十字架的特定意義。

如果你不知道這些字的含義，使用這些字也是無用的。這在心理學裡尤其真實，例如我們所謂的原型，也就是阿尼瑪與阿尼姆斯、智慧老人、大母神等等。你可以知道所有的聖人、哲人、先知和其他神人，以及世上所有偉大的母神，但你若未曾經驗過聖祕性，那它們也只是普通的意象，這就好比你在夢裡說話，因為你並不知道自己在說什麼。你使用的只是空洞而且沒有價值的文字，只有在你試著瞭解它們的聖祕性，及它與活生生的個體之間的關係時，它們才會獲得生命與意義。然後你才會開始瞭解這些名字根本沒有意義，只有它們與你產生聯繫的方式才是最重要的。

2 譯註 1。願望滿足（wish-fulfilling）是佛洛伊德對夢境功能的解釋，他認為夢的主要目的是滿足無意識的願望。但榮格在此處提出了反對，因此稱它為一種虛構（fiction）。

夢的象徵產生功能是將我們的原始心靈帶回意識的一種嘗試，它此前從未置身於此，也未曾經歷過關鍵的自我反思。我們**曾經就是**那個心靈，但我們從不**認識**它。在瞭解它之前，我們就擺脫了它。它從自己的搖籃中誕生，脫下笨重又無價值的外殼，而那是它的原始特徵。無意識看起來彷佛是這些殘餘物的儲存庫。夢與其象徵持續和它們聯繫，彷佛它們試著從心靈中帶回所有原始的事物，而心靈早在演化的過程裡將自己從下列事物中擺脫出來：幻覺、兒童期幻想、古老的思想形式、原始的本能等。這就是現實中發生的事，它解釋了我們在接近無意識時所經驗到的阻抗，甚至是畏懼與恐怖。相較於內容的原始性，我們對它們的情緒性更感震驚。它們不僅是中性或無關緊要的，它們充滿了情感，以至於它們經常會使人極度不適。它們甚至會造成真正的恐慌，越是壓抑，它們就越會以神經症的形式擴散到整個人格。

然而，正是它們的情緒性才使它們無比重要。這就好比一個在無意識狀態裡活了一輩子的人，突然意識到記憶中有一道缺口——他記不起那些似乎曾發生過的重要事件。因為他以為心靈是與他人無關的個人事件（而這是很普遍的假設），他會試著尋回顯然已經遺失的嬰兒期回憶。但這道嬰兒期回憶的缺口只是一種更嚴重的遺失症狀而已，那就是原始心靈的遺失——那曾在意識反思之前就已活著並運作的心靈。[3]

由於胚胎的演化是重複它的史前史，所以心智的成長也會經過一系列的史前階段。夢似乎認為它的主要任務是將史前事件以及嬰兒期的回憶給帶回，一路下降到最為原始的本能，好比這類記憶是無價之寶一樣。而這些記憶確實對某些案例來說具有顯著的療癒效果，就如佛洛伊德在很久以前看到的那樣。這個觀察確認了，嬰兒期記憶缺口（所謂的失憶）相當於一種絕對的遺忘，而它的恢復會帶來活力與幸福的增長。因為我們用意識內容的缺乏與單純性來測量一個孩子的心靈生活，那麼我們就無法理解嬰兒期心智的高度複雜性，它源於對史前心靈的原始認同。那個「原初心智」依然存在，且持續在孩子身上運作，就如胚胎所要經歷的演化階段。如果讀者還記得我先前說的那個小女孩，她將自己的夢境做成禮物送給父親，那你就會充分瞭解我說的意思。

在嬰兒期失憶中，人們發現了跟神話片段有關的奇怪混合體，而這也經常發生在日後的精神病中。這類意象具有高度聖祕性，因此非常重要。如果這類回憶在成人時期重現的話，它們可能會在某些情況中造成嚴重的心理障礙，但在其他人身上則可能產生驚人的治癒，或者宗教的皈依。它們經常會帶回某個生命中早已遺失的片段，而這會豐富一個人的生命。

嬰兒期記憶的恢復以及心靈功能原型模式的重製，會創造一種更寬廣的視野，以及更大範圍的意識，只要我們能成功同化和整合失而復得的內容。因為它們不是中性的，它們的同化過程會修正人格，即使它們在此過程會經歷某種改變。在個體化歷程的這個階段中，詮釋象徵扮演著重要的實務角色；因為象徵是一種自然的嘗試，它會意圖協調或重整原先被廣泛分開的對立面，就像許多象徵有著明顯的矛盾性一樣。僅把原型內容視為幻想的表達，這件事在同化的過程中是特別令人討厭的錯誤，因為詮釋者只把意識的回憶視為「真實的」或「真正的」。夢和它模糊的象徵，其形式一方面源於被壓抑的內容，另一方面則源於原型。因此它們有兩個層面，我們也能從兩個方向進

3 譯註2。榮格此段針對的是精神分析的無意識觀點，他認為無意識裡包含了個人以外的集體經驗，反映的不只是個人的早期事件，可能指向更遙遠的過去。

行詮釋：一個是將重點放在個人，另一種是將重點放在原型。前者顯示了壓抑與嬰兒期願望的病態影響，而後者則指向了完好的本能基礎。無論原型內容有多奇幻，它們代表的仍是情緒的力量或者「聖祕性」。如果我們置之不理，它們就會被壓抑並創造出和過去相同的神經症狀。聖祕性為這些內容賦予了自發性的特質。這是無法否認的心理事實。然而，如果它被否認，失而復得的內容就會消失，任何想要合成的嘗試都是徒勞。但否認是一個很吸引人的做法，因此很常被人們採用。

不僅是原型的存在被否認，連那些承認它們存在的人，通常也只是將之視為意象，忘了原型是活生生的實體，是構成人類心靈的重要組成。一旦詮釋者剝除了意象的聖祕性，它們就會失去生命，淪為單純的文字。然後就可以輕易地將它們與其他的神話表徵相連，開啟了無限替代的循環過程；人們從一個原型被引到另一個原型，每件事都指向每件事，人們便將整個過程推導成一齣鬧劇。用化學的觀點來看，世上所有的屍體都一樣，但活著的人可不是如此。原型的形式確實在相當程度上可以彼此替換，但它們的聖祕性始終很重要。它代表著某個原型事件的**價值**。這種情緒價值必須牢記於心，並貫串在整個智性的詮釋過程中。失去它的代價非常大，因為思維與情感正好對立，思維功能會抹除情感價值，反之亦然。[4]心理學是唯一需要將價值因素（情感）納入考慮的科學，因為它會建立心理事件與生命和意義的連結。

我們的智力創造了一個可以主導自然的新世界，並為其配備了令人毛骨悚然的機器。後者無疑非常有用，我們也需求孔急，以至於我們看不見任何一點擺脫機器的可能性，也擺脫不了對它們可憎的卑屈。人類必然會追隨他們科學和創造性思維的成果，並佩服自己帶來的傲人成就。同時，他也不得不承認，他的天才顯示出一種不尋常的傾向，正在發明越來越危險的事物，因為它們代表一種越來越有效的大規模自殺手段。由於世界人口快速增加，我們已經開始尋求控制這股洪流的方法。但自然可能正期待我們這麼做，它想用人類自身的創造性心智來對付我們，藉由釋放氫彈或能帶來同樣災難的武器，來有效終止人口的過度增長。儘管我們驕傲地掌控自然，我們仍如以往一樣是它的受害者，我們甚至還未學會控制自己的天性，從而緩慢且無可避免地招致災難。

再也沒有我們能祈禱求助的神明了。世界上的偉大宗教逐漸失去了活力，因為能幫助我們的守護靈已從森林、河流、群山以及動物中消逝，神人也消失於無意識的地底。我們猜想他們仍在過往的遺跡中可恥地存在，然而我們依舊被偉大的理性女神（*Déesse Raison*）所支配——而她是我們最大的幻覺。在她的幫助下，我們做了許多令人佩服的事：我們消除了瘧疾，在各地建立了醫衛系統，結果是低度發展的人口增加了，速度快到讓食物的供應變成了問題。「我們已經征服了自然！」這句話僅僅是口號。事實上，我們正面對許多令人焦慮的問題，而解答似乎猶未可知。所謂的征服自然，事實上它已用人口過多的事實讓我們焦頭爛額，使我們的麻煩難以處理，因為我們在心理上無法達成必要的政治協議。對人類來說，爭吵、衝突與掙扎似乎十分正常，因為我們都想證明自己比別人優越。我們到底是哪裡「征服自然」了？[5]

4 譯註3。在榮格的心理類型理論中，思維功能與情感功能同屬於「理性功能」，並在彼此的對立面。如果思維功能是優勢功能，那麼處於對立面的情感功能就會落入無意識中，成為陰影的一部分，反之亦然。

5 譯註4。榮格的意思是，我們內在的自然本性還是一樣糟糕，根本沒有被征服。

改變必定會在某處發生，個體將會經歷改變，並把它付諸實行。改變必然要由單一個體開始，他可能是我們之中的任何一個。沒有人可以袖手旁觀，只等著別人來做自己不想做的事。因為沒人知道他自己能做什麼，在意識的可及之處無法提供令人滿意的答案時，他或許就能勇敢地自問，說不定他的無意識可能知道某些有用的東西。今日的人們痛苦地意識到此事，無論是偉大的宗教還是各種不同的哲學似乎都無法提供他有力的觀點，使他在面對世界當前的情況時能得到所需的確定性與安全感。

我知道佛教徒可能會說，也會確實地去做：只要人們能遵循崇高的八正道，並對自性有正確的領悟；或者基督徒這麼想：只要人們對天主保持正確的信仰；或者理性主義者：只要人們能夠聰明而理智——那麼所有的問題都將獲得控制和解決。麻煩之處就在於他們當中沒有人是自己設法來解決這些問題。基督徒常問，為何上帝不再向過去那樣對他們說話了？當我聽到這類問題時，總是讓我想到，有位拉比[6]曾被問道，為何上帝過去常向人們現身，現在卻再也沒有人見到祂了呢？拉比回答：「現在沒有人能把腰彎得那麼低了。」[7]

這個答案一針見血。我們被自己的主觀意識所迷並深陷其中，以至於我們已經忘記這個古老的事實，亦即上帝主要是透過夢和幻象與人對話的。佛教徒拋棄了無意識的幻想世界，將之視為**使人分心的事物**以及無用的幻覺；基督徒將教會與《聖經》置於他和自己的無意識之間；而理性主義者的理智則還不明白他的意識並不能代表整個心靈，儘管這七十多年來，無意識已經成為所有認真學習心理學的學生必不可少的科學觀念了。

我們不能再認為自己跟上帝一樣全能，有權評判自然現象的優劣。我們不再將植物學奠基在對有用與無用植物的劃分，或把動物學建立在無害與危險動物的基礎。但我們仍然漫不經心地假定意識很合理，而無意識則是胡說八道——好像你可以判定誰是合理、誰又是不合理的自然現象那樣。舉細菌來說，它是合理的還是不合理的？這類評價只證實了我們心智的可悲狀態，它把自己的無知與無能隱藏在自大的外衣之下。細菌確實非常小，也極為卑劣，但對它們一無所知則是很愚蠢的事。

無論無意識是什麼，它都是能製造象徵的自然現象，而這些象徵已被證實是有意義的。我們不能期待一個從未用過顯微鏡的人成為研究細菌的權威，同樣地，一個從未認真研究過自然象徵的人，也不應被視為這件事的合格評判。但對人類心靈的低估如此普遍，以至於無論是偉大的宗教、哲學或科學理性主義，都不願仔細地觀看心靈。儘管天主教教會承認夢是上帝送來的訊息，但教會多數的思想家卻無意瞭解它們。我也懷疑新教的教義能否「把腰彎得那麼低」，去思考「上帝的聲音」在夢中被聽見的可能性。但若有人真的相信上帝，他又憑什麼認為上帝不會透過夢境和他說話呢？

我已用了半個多世紀研究自然的象徵，所得出的結論是，夢和它們的象徵並不蠢，也不是無意義的。正好相反，夢會提供你最有趣的資訊，只要你願意不怕麻煩地來瞭解它的象徵。它的成效確實和一般認為的買賣等世俗事務沒有關係。但生命的意義並不能由你經營的事業完全解釋，人類心中最深層的渴望也無法由你的銀行帳戶來回答，即使你從未聽過這兩件事以外的東西。

---

6 譯註5。拉比是猶太教的宗教導師、經師。
7 譯註6。此句的意思是，現在的人已不再謙卑，故而見不到上帝了。

當所有的心理能量都用在探索自然，人類的本質，也就是他的心靈，就只能獲得很少的關注。雖然很多研究都在探討意識功能，但心靈中真正未知的部分，亦即製造象徵的部分，事實上仍幾乎未經探索。我們每晚都會收到來自心靈的訊號，然而對它溝通的訊息解碼似乎是一項令人討厭的任務，以至於整個文明世界不太有人想這麼做。人類最偉大的工具，也就是他的心靈，即使沒被懷疑和鄙視，也很少被人思考。「那只是心理學的觀點。」這句話經常意味著：那不重要。

這種巨大的偏見究竟是哪裡來的？我們明顯地忙於**我們**怎麼想，以至於完全忘記了無意識心靈怎麼想我們。佛洛伊德曾嚴肅地想要證明何以無意識不需要更好的評判，但他的說法卻在不經意間增加並確認了原有對心靈的蔑視。在他之前，只有輕視和忽略，現在心靈卻成了道德垃圾的掩埋場以及恐懼的來源。

這個現代立場肯定是片面而且不公平的。它甚至和已知的事實不符。我們對無意識的實際知識顯示出它是一種自然現象，就像自然本身，它至少是**中性的**。它包含人類本性的所有面向——光明與黑暗、美麗與醜陋、善與惡、深刻與愚蠢。對個體及集體象徵的研究是一項巨大的任務，而我們尚未精通此道。但至少我們已經開始。目前所取得的成果相當令人鼓舞，而它們似乎為困擾當前人類的許多問題指出了答案。

榮格全集[1]

The Collected Work of C.G. Jung

第一卷：《精神病學研究》（Psychiatric Studies）（1957 初版，1970 二版）

論所謂神祕現象的心理學與病理學

On the Psychology and Pathology of So-Called Occult Phenomena（1902）

論歇斯底里的誤讀

On Hysterical Misreading（1904）

潛隱記憶

Cryptomnesia（1905）

論狂躁性情感疾患

On Manic Mood Disorder（1903）

一名拘留所犯人的歇斯底里昏迷案例

A Case of Hysterical Stupor in a Prisoner in Detention（1902）

論假性精神失常

On Simulated Insanity（1903）

假性精神失常案例的醫學觀點

A Medical Opinion on a Case of Simulated Insanity（1904）

關於兩個相互矛盾之精神病學診斷的第三及最後一項意見

A Third and Final Opinion on Two Contradictory Psychiatric Diagnoses（1906）

1 編者：Sir Herbert Read、Michael Fordham、Gerhard Adler；William McGuire 主編。英譯者為 RFC Hull，例外處另行註記。

論事實的心理診斷

On the Psychological Diagnosis of Facts（1905）

第二卷：《實驗研究》（Experimental Researches）（1973）[2]

字詞聯想研究（Studies In Word Association）（1904-7, 1910）

普通受試者的聯想（由榮格與F. 瑞克林合著）

The Associations of Normal Subjects（by Jung and F. Riklin）

一名癲癇症患者的聯想分析

An Analysis of the Associations of an Epileptic

聯想實驗中的反應時間比

The Reaction-Time Ratio in the Association Experiment

記憶能力的實驗觀察

Experimental Observations on the Faculty of Memory

精神分析與聯想實驗

Psychoanalysis and Association Experiments

證據的心理學診斷

The Psychological Diagnosis of Evidence

聯想、夢和歇斯底里式症狀

Association, Dream, and Hysterical Symptom

聯想實驗的精神病理學意義

The Psychopathological Significance of the Association Experiment

聯想實驗中的再現障礙

Disturbances of Reproduction in the Association Experiment

聯想法

The Association Method

家庭情結

The Family Constellation

心理生理學研究（Psychophysical Researches）（1907-8）

論聯想實驗中的心身關係

On the Psychophysical Relations of the Association Experiment

用電流計和呼吸描記器對一般個案和精神病患者進行的心身研究（由F. 彼得森與榮格合著）

Psychophysical Investigations with the Galvanometer and Pneumograph in Normal and Insane Individuals (by F. Peterson and Jung)

對一般個案和精神病患者的電流現象與呼吸的進一步研究（由C. 里克舍與榮格合著）

Further Investigations on the Galvanic Phenomenon and Respiration in Normal and Insane Individuals (by C. Ricksher and Jung)

附錄：徵兵的統計細節（Statistical Details of Enlistment，1906）；犯罪心理學的新向度（New Aspects of Criminal Psychology，1908）；蘇黎世大學精神病診所採用的心理學調查方法（The Psychological Methods of Investigation Used in the Psychiatric Clinic of the University of Zurich，1910）；論情結學說（On the Doctrine Complexes，[1911] 1913）；論證據的心理學診斷（On the Psychological Diagnosis of Evidence，1937）

第三卷：《精神疾病的心理成因》（The Psychogenesis of Mental Disease）（1960）[3]

早發性癡呆症的心理學

The Psychology of Dementia Praecox（1907）

精神病的內容

The Content of the Psychoses（1908/14）

---

2 由 Leopold Stein 主譯，Diana Riviere 合譯。

3 中譯注：為去除患者汙名形象，我國衛生福利部已於二〇一四年將 Schizophrenia 中譯正名為「思覺失調症」，此處從之；舊譯「精神分裂症」。

論心理學的認知
On Psychological Understanding（1914）
對布魯勒思覺失調抗拒症理論的批評
A Criticism of Bleuler's Theory of Schizophrenic Negativism（1911）
論無意識在心理學中的重要性
On the Importance of the Unconscious in Psychology（1914）
論精神疾病之心理起因問題
On the Problem of Psychogenesis in Mental Disease（1919）
精神疾病與心靈
Mental Disease and the Psyche（1928）
論思覺失調症的心理起因
On the Psychogenesis of Schizophrenia（1939）
針對思覺失調症的新近見解
Recent Thoughts on Schizophrenia（1957）
思覺失調症
Schizophrenia（1958）

第四卷：《佛洛伊德與精神分析》（Freud and Psychoanalysis）（1967）
佛洛依德的歇斯底里症理論：答阿莎芬伯格
Freud's Theory of Hysteria: A Reply to Aschaffenburg（1906）
佛洛依德的歇斯底里症理論
The Freudian Theory of Hysteria（1908）
一項對謠言心理學的貢獻
A Contribution to the Psychology of Rumour（1910-11）
論數字夢的意義
On the Significance of Number Dreams（1910-11）
針對莫頓・普林斯〈夢的機制和詮釋〉的批評性回顧
Morton Prince' s "The Mechanism and Interpretation of Dreams": A Critical Review（1911）
論對精神分析的批評
On the Criticism of Psychoanalysis（1910）
關於精神分析
Concerning Psychoanalysis（1912）

精神分析的理論
The Theory of Psychoanalysis（1913）
精神分析學概覽
General Aspects of Psychoanalysis（1913）
精神分析與精神官能症
Psychoanalysis and Neurosis（1916）
精神分析中的一些關鍵：榮格博士和洛伊博士的一則通信
Some Crucial Points in Psychoanalysis: A Correspondence between Dr. Jung and Dr. Loÿ（1914）
《分析心理學論文集》序文
Prefaces to "Collected Papers on Analytical Psychology"（1916, 1917）
父親對於個人命運的重要性
The Significance of the Father in the Destiny of the Individual（1909/1949）
克蘭費爾德〈精神祕徑〉之引言
Introduction to Kranefeldt's "Secret Ways of the Mind"（1930）
佛洛依德和榮格的對比
Freud and Jung: Contrasts（1929）

第五卷：《轉化的象徵》（Symbols of Transformation）（[1911-12/1952] 1956；1967二版）

第一部

前言
Introduction
兩種思惟方式
Two Kinds of Thinking
米勒小姐的幻想：病歷
The Miller Fantasies: Anamnesis
詠造物
The Hymn of Creation
蛾之曲
The Song of the Moth

第二部

前言
Introduction
力比多的概念
The Concept of Libido

力比多的轉化

The Transformation of Libido

英雄的起源

The Origin of the Hero

母親和重生的象徵

Symbols of the Mother and of Rebirth

從母親脫離的戰役

The Battle for Deliverance from the Mother

雙面性的母親

The Dual Mother

犧牲

The Sacrifice

結語

Epilogue

附錄：米勒的幻想

Appendix: the Miller Fantasies

第六卷：《心理類型》（Psychological Types）（[1921] 1971）[4]

前言

Introduction

古典時代與中世紀思想中的類型問題

The Problem of Types in the History of Classical and Medieval Thought

席勒對於類型問題的見解

Schiller's Ideas on Type Problem

日神型與酒神型

The Apollonian and the Dionysian

人類性格中的類型問題

The Type Problem in Human Character

精神病理學中的類型問題

The Type Problem in Psychopathology

現代哲學中的類型問題

The Type Problem in Modern Philosophy

傳記文學中的類型問題

The Type Problem in Biography

心理類型的基本描述

General Description of the Types

定義

Definitions

結語

Epilogue

附錄：心理類型四論（1913、1925、1931、1936）

第七卷：《分析心理學二論》（Two Essays on Analytical Psychology）（1953; 1966二版）

論無意識的心理學

On the Psychology of the Unconscious（1917/1926/1943）

自我與無意識之間的關係

The Relations between the Ego and the Unconscious（1928）

附錄：心理學的新道路（New Paths in Psychology，1912）；無意識的結構（The Structure of the Unconscious，1916；1966新版另有更動）

第八卷：《心靈的結構與動力》（The Structure and Dynamics of the Psyche）（1960；1969二版）

論心靈能量

On Psychic Energy（1928）

超越功能

The Transcendent Function（[1916] 1957）

回顧情結理論

A Review of the Complex Theory（1934）

體質與遺傳在心理學中的意義

The Significance of Constitution and Heredity in Psychology（1929）

決定人類行為的心理要素

Psychological Factors Determining Human Behavior（1937）

本能與無意識

Instinct and the Unconscious（1919）

心靈的結構

The Structure of the Psyche（1927/1931）

論心靈的性質

On the Nature of the Psyche（1947/1954）

夢心理學概覽

4 R.F.C. Hull 對 H.G. Baynes 譯本的修訂版。

General Aspects of Dream Psychology（1916/1948）

論夢的性質
On the Nature of Dreams（1945/1948）
神靈信仰的心理學基礎
The Psychological Foundation of Belief in Spirits
（1920/1948）
精神與生命
Spirit and Life（1926）
分析心理學的基本假設
Basic Postulates of Analytical Psychology（1931）
分析式的心理學和**世界觀**
Analytic Psychology and *Weltanschauung*（1928/1931）
現實與超現實
The Real and the Surreal（1933）
人生的各個階段
The Stages of Life（1930-31）
靈魂與死亡
The Soul and Death（1934）
共時性：一個非因果性的聯繫定律
Synchronicity: An Acausal Connecting Principle
（1952）
附錄：論共時性（On Synchronicity，1951）

第九卷 第一部：《原型與集體無意識》（The Archetypes and the Collective Unconscious）
（1959，1968二版）
集體無意識的原型
Archetypes of the Collective Unconscious
（1934/1954）
集體無意識的概念
The Concept of the Collective Unconscious（1936）
關於原型，特別涉及阿尼瑪概念
Concerning the Archetypes, with Special Reference to the Anima Concept（1936/1954）
母親原型的心理層面
Psychological Aspects of the Mother Archetype
（1938/1954）
關於重生
Concerning Rebirth（1940/1950）

兒童原型的心理學
The Psychology of the Child Archetype（1940）
處女神珂蕊的心理學面向
The Psychological Aspects of the Kore（1941）
童話中的神靈現象學
The Phenomenology of the Spirit in Fairytales（1945/1948）
論搗蛋鬼人物的心理學
On the Psychology of the Trickster-Figure（1954）
意識、無意識與個體化
Conscious, Unconscious, and Individuation（1939）
個體化歷程研究
A Study in the Process of Individuation（1934/1950）
關於曼陀羅象徵
Concerning Mandala Symbolism（1950）
附錄：曼陀羅（Mandalas，1955）

第九卷 第二部：《伊庸：自性的現象學研究》

（Aion: Researches into the Phenomenology of the Self）（[1951] 1959，1968二版）

自我
The Ego
陰影
The Shadow
聖耦：阿尼瑪和阿尼姆斯
The Syzygy: Anima and Animus
自性
The Self
基督：自性的象徵
Christ, A Symbol of the Self
雙魚的象徵
The Sign of the Fishes
諾查丹瑪斯預言
The Prophecies of Nostradamus
魚的歷史意義
The Historical Significance of the Fish
魚之象徵的矛盾性質
The Ambivalence of the Fish Symbol
煉金術中的魚
The Fish in Alchemy

煉金術對魚的詮釋

The Alchemical Interpretation of the Fish

基督教煉金術象徵的心理學背景

Background to the Psychology of Christian Alchemical Symbolism

諾斯替派的自性象徵

Gnostic Symbols of the Self

自性的結構與動力

The Structure and Dynamics of the Self

結語

Conclusion

第十卷：《變遷中的文明》（Civilization in Transition）（1964；1970二版）

無意識的作用

The Role of the Unconscious（1918）

人心與大地

Mind and Earth（1927/1931）

古代人

Archaic Man（1931）

現代人的精神問題

The Spiritual Problem of Modern Man（1928/1931）

一名學生的戀愛問題

The Love Problem of a Student（1928）

歐洲的女性

Woman in Europe（1927）

心理學之於現代人的意義

The Meaning of Psychology for Modern Man（1933/1934）

當今心理治療的狀況

The State of Psychotherapy Today（1934）

〈當代事件雜論〉之序跋

Preface and Epilogue to "Essays on Contemporary Events"（1946）

沃坦

Wotan（1936）

浩劫過後

After the Catastrophe（1945）

與陰影交戰

The Fight with the Shadow（1946）

未發現的自性：如今與未來
The Undiscovered Self (Present and Future)（1957）
飛碟：一則現代神話
Flying Saucers: a Modern Myth（1958）
關於良知的心理學觀點
A Psychological View of Conscience（1958）
分析心理學中的善與惡
Good and Evil in Analytical Psychology（1959）
東尼．沃爾夫〈榮格心理學研究〉之引言
Introduction to Toni Wolff's "Studies in Jungian Psychology"（1959）
歐洲範圍內的瑞士路線
The Swiss Line in the European Spectrum（1928）
評論凱澤林〈令美國自由〉及〈世界革命〉
Reviews of Keyserling's "America Set Free" (1930) and "La Révolution Mondiale"(1934)
美國心理學的複雜性
The Complications of American Psychology（1930）
印度的如夢世界
The Dreamlike World of India（1939）
印度能教給我們什麼
What India can teach us（1939）
附錄：文獻（1933-38）

第十一卷：《心理學與宗教：西方與東方》

（Psychology and Religion: West and East）（1958；1969二版）

西方宗教

心理學與宗教（泰瑞講堂）
Psychology and Religion (the Terry Lectures)（1938/1940）
三位一體教義的心理學考究
A Psychological Approach to the Dogma of the Trinity（1942/1948）
彌撒中的體變象徵
Transformation Symbolism in the Mass（1942/1954）
懷特〈上帝與無意識〉之前言
Foreword to White's "God and the Unconscious"（1952）
韋伯洛斯基〈路西法與普羅米修斯〉之前言
Foreword to Werblowsky's "Lucifer and Prometheus"（1952）

聖徒克勞斯

Brother Klaus（1933）

心理治療者或神職人員

Psychotherapists or the Clergy（1932）

答約伯

Answer to Job（1952）

東方宗教

對《西藏大解脫經》的心理學闡釋

Psychological Commentary on "The Tibetan Book of the Dead"（1939/1954）

對《西藏度亡經》的心理學闡釋

Psychological Commentary on "The Tibetan Book of the Great Liberation"（1935/1953）

瑜伽與西方

Yoga and the West（1936）

鈴木大拙《禪學入門》之前言

Foreword to Suzuki's "Introduction to Zen Buddhism"（1939）

東洋冥想心理學

The Psychology of Eastern Meditation（1943）

印度聖人：齊默《邁向真我之路》之引言

The Holy Men of India: Introduction to Zimmer's "Der Weg zum Selbst"（1944）

《易經》之前言

Foreword to the "I-Ching"（1950）

第十二卷：《心理學與煉金術》（Psychology and Alchemy）（[1944] 1953：1968二版）

英文版緒論

Prefatory Note to the English Edition（[1951?] 1967增補）

煉金術的宗教與心理學問題引論

Introduction to the Religious and Psychological Problems of Alchemy

與煉金術相關的個體夢象徵

Individual Dream Symbolism in Relation to the Alchemy（1936）

煉金術中的宗教觀念

Religious Ideas in Alchemy（1937）

結語

Epilogue

第十三卷：《煉金術研究》（Alchemy Studies）（1968）

《太乙金華宗旨》評述

Commentary on "The secret of the golden flower"（1929）

佐西默斯的異象

The Vision of Zosimos（1938/1954）

作為一種精神現象的帕拉西爾蘇斯

Paracelsus as a Spiritual Phenomenon（1942）

神靈墨丘利

The Spirit Mercurius（1943/1948）

哲理之樹

The Philosophical Tree（1945/1954）

第十四卷：《神祕合體：考究煉金術中心靈對立面的分離與聚合》（Mysterium Coniunctionis: an Inquiry into the Separation and Synthesis of Psychic Opposites in Alchemy）（[1955-56] 1963，1970二版）

合體的組成部分

The Components of the Coniunctio

自相矛盾體

The Paradoxa

對立面的化身

The Personification of the Opposites

王與后

Rex and Regina

亞當與夏娃

Adam and Eve

結合

The Conjunction

結語

Epilogue

第十五卷：《人、藝術與文學中的精神》（The Spirit in Man, Art, and Literature）（1966）

帕拉西爾蘇斯

Paracelsus（1929）

帕拉西爾蘇斯醫師

Paracelsus the Physician（1941）

佛洛伊德與其歷史背景
Sigmund Freud in His Historical Setting（1932）
紀念佛洛伊德
In Memory of Sigmund Freud（1939）
紀念衛禮賢
Richard Wilhelm: in Memoriam（1930）
論分析心理學與詩歌的關係
On the Relation of Analytical Psychology to Poetry（1922）
心理學與文學
Psychology and Literature（1930/1950）
尤利西斯：一齣獨角戲
Ulysses: A Monologue（1932）
畢卡索
Picasso（1932）

第十六卷：《心理治療之實踐》（The Practice of Psychotherapy）（1954，1966二版）

第一部：心理治療的一般問題

實用心理治療的原則
Principles of Practical Psychotherapy（1935）
何謂心理治療？
What is Psychotherapy?（1935）
現代心理治療的一些層面
Some Aspects of Modern Psychotherapy（1930）
心理治療的目標
The Aims of Psychotherapy（1931）
現代心理治療的問題
Problems of Modern Psychotherapy（1929）
心理治療與一種人生哲學
Psychotherapy and a Philosophy of Life（1943）
醫學與心理治療
Medicine and Psychotherapy（1945）
今日的心理治療
Psychotherapy Today（1945）
心理治療的基本問題
Fundamental Questions of Psychotherapy（1951）

第二部：心理治療的特殊問題

宣洩的治療性價值
The Therapeutic Value of Abreaction（1921/1928）
析夢實務
The Practical Use of Dream-Analysis（1934）
移情心理學
The Psychology of the Transference（1946）
附錄：實用心理治療的現實性（The Realities of Practical Psychotherapy）[1937] 1966 增補

第十七卷：《人格的發展》（The Development of Personality）（1954）

一個孩子的心靈衝突
Psychic Conflicts In A Child（1910/1946）
威克斯〈童年的心理分析〉之引言
Introduction to Wickes's "Analyse der Kinderseele"（1927/1931）
兒童的發展與教育
Child Development and Education（1928）
分析心理學與教育三講
Analytical Psychology and Education: Three Lectures（1926/1946）
天才兒童
The Gifted Child（1943）
無意識之於個體教育的重要意義
The Significance of the Unconscious in Individual Education（1928）
人格的發展
The Development of Personality（1934）
婚姻作為一種心理關係
Marriage as a Psychological Relationship（1925）

第十八卷：《雜文集：象徵的生活》[5]（The Symbolic Life）（1954）

第十九卷：《榮格全集參考書目》（Complete Bibliography of C.G. Jung'S Writings）（1976，1992二版）

第二十卷：

全集索引（General Index of the Collected Works）（1979）

佐芬吉亞演講集（The Zofingia Lectures）（1983）[6]

無意識心理學（Psychology of the Unconscious）（[1912] 1992）[7]

---

5 雜文集。由 R.F.C. Hull 等人合譯。

6 全集的補充卷A（Supplementary Volume A）。William McGuire 編，Jan van Heurck 譯，Marie-Louise von Franz 導讀。

7 全集的補充卷B，為力比多的轉化與象徵之研究，以及思想史演變的歷史考證。Beatrice M. Hinkle 譯，William McGuire 導讀。

象徵與夢的詮釋——榮格心理學核心觀念

出　　版／楓書坊文化出版社
地　　址／新北市板橋區信義路163巷3號10樓
郵政劃撥／19907596 楓書坊文化出版社
網　　址／www.maplebook.com.tw
電　　話／02-2957-6096
傳　　真／02-2957-6435
作　　者／卡爾・古斯塔夫・榮格
譯　　者／鐘穎
企劃編輯／陳依萱
校　　對／黃薇霓
港澳經銷／泛華發行代理有限公司
定　　價／420元
初版日期／2023年8月

國家圖書館出版品預行編目資料

象徵與夢的詮釋：榮格心理學核心觀念 / 卡爾・古斯塔夫・榮格作；鐘穎譯. -- 初版. -- 新北市：楓書坊文化出版社, 2023.08　面；　公分

譯自：The undiscovered self : with symbols and the interpretation of dreams.

ISBN 978-986-377-881-3（平裝）

1. 精神分析　2. 解夢　3. 潛意識

170.189　　112008334